PARIS

City Highlights

teNeues

WELT EDITION

Impressum

Herausgegeben von DIE WELT und WELT am SONNTAG
www.welt.de

Einleitung: Volker Mehnert
Objekttexte: Yasemin Erdem (Kultur – Museen Galerien Theater Kinos), Sabine Henßen (Sehenswürdigkeiten), fusion publishing GmbH; Co-Lektorat: Marianne Bongartz (MaBo-Media, Köln)
Kategorientexte + Backcovertext: Yasemin Erdem, fusion publishing GmbH
Serviceteil: Marianne Bongartz, MaBo-Media, Köln
Redaktion: Sönke Krüger und Frank Rumpf (WELT am SONNTAG), Sabine Scholz (teNeues Verlag)
Koordination: Hanna Martin und Anne-Kathrin Meier (Gesamtedition), Susanne Bigot (Paris)
Layout: Anne Dörte Schmidt
Bildbearbeitung und Reinzeichnung: Jan Hausberg, Martin Herterich

Fotografien: Matthias Just, außer: Roland Bauer (S. 4, 5 r. o., 69 l. und r., 70–71, 74–75, 80–82, 84–85, 102 r. u., 112–121, 124–133, Backcover r. u.); Vanessa Berberian (S. 44 l. u.); Le Bon Marché Rive Gauche (S. 100–101); Cité de la Musique (S. 64 l. u. und r. u.); courtesy of Colette (S. 102 o. und l. u., S. 103); courtesy of Fondation Le Corbusier / Bildkunst (S. 60 o.); courtesy of Galeries Lafayette „Jardin des Créateures" (S. 94 r. u.); Pep Escoda (S. 5 m. o., 11 l. o., 78–79); Christophe Fouin und © ADAGP / Bildkunst, Paris 2005, Photothèque du Musée de la Ville de Paris (S. 56 l. u., Künstler des gezeigten Werkes: Raoul Dufy); Christophe Fouin und © ADAGP / Bildkunst, Paris 2006, Photothèque du Musée de la Ville de Paris (S. 56 o., Künstler des gezeigten Werkes: Douglas Gordon; S. 57, Künstler des gezeigten Werkes: Jean Michel Othoniel); Christophe Fouin und © ADAGP / Bildkunst, Paris 2007, Photothèque du Musée de la Ville de Paris (S. 56 r. u.); Michelle Galindo (S. 30 l. u., 155 l. o., 30 o., 31); Matthias Just / Bildkunst (S. 42, 48–49, 60 l. u. und r. u., 61); Martin Nicholas Kunz (S. 3, 4 o., 30 m. u., 30 r. u., Backcover l. o.); Mairie de Paris / Marc Verhille (S. 18 o.); C. Moutarde (S. 44 o.); © Musée d'Orsay / Sophie Boegly und © Musée d'Orsay / Patrice Schmidt (S. 50 o.); Architekt Jean Nouvel (S. 42 Institut du Monde Arabe, S. 52–53 Musée Quai Branly); Patricia Parinejad (S. 122–123); Architekt Ieoh Ming Pei (S. 44, Pyramide du Louvre); Francis Peyrat (S. 92 o., 92 r. u., 93); Photothèque des Musée de la Ville de Paris und ADAGP, 2005 (S. 56 l. u.); Sabine Scholz (S. 19); Architekt Johan Otto von Spreckelsen (S. 40–41 La Grande Arche)
Coverbild: Martin Nicholas Kunz

Inhalt und Produktion: fusion publishing GmbH, Stuttgart . Los Angeles
www.fusion-publishing.com

teNeues Publishing Group

teNeues Verlag GmbH + Co. KG
Am Selder 37, 47906 Kempen, Germany
Tel.: 0049 / (0)2152 / 916 0
Fax: 0049 / (0)2152 / 916 111
Presseabteilung: arehn@teneues.de

www.teneues.com

Redaktionsschluss der vorliegenden Ausgabe: 01.02.2007

Mit diesem Symbol weisen wir Sie auf ein paar ganz besondere Tipps der Redaktion von DIE WELT und WELT am SONNTAG hin.

Bibliografische Information Der Deutschen Bibliothek
Die Deutsche Bibliothek verzeichnet diese Publikation in der Deutschen Nationalbibliografie; detaillierte bibliografische Daten sind im Internet unter http://dnb.ddb.de abrufbar.

ISBN 978-3-8327-9183-4

Printed in Italy

Rechte Seite:
Blick auf den Eiffelturm vom Trocadéro

Gastronomie: Restaurants, Cafés, Bars, Clubs

Einkaufen

Hotels

Was noch?

Serviceteil

„Paris ist die Hauptstadt der göttlichen Versuchungen.“

Zoé Valdés

Sehenswürdigkeiten

Kultur: Museen, Galerien, Theater, Kinos

Linke Seite: Canal St-Martin
Rechte Seite: links Eingang zur Metro, rechts Café im Quartier Latin

Paris – ein Ziel fürs Leben

Mit fünfzehn zum ersten Mal in Paris: Von der deutschen Kleinstadt in die Metropole der Liebe und der Literatur. Doch für beides war es damals noch zu früh. Stattdessen zog mich der Untergrund in seinen Bann, die Metro. Tagelang sauste ich von Haltestelle zu Haltestelle durch das Röhrenlabyrinth, wechselte die Linien und die Züge. Zwängte mich morgens mit den Pendlern in überfüllte Waggons, stieg mittags als einziger Passagier an einer Endstation aus, nur um den nächsten Zug zurück zu nehmen. Hinein ins Gedränge an den großen Umsteigebahnhöfen. Ich war fasziniert vom schieren Phänomen der Erreichbarkeit, ohne irgendwo anzukommen oder ankommen zu wollen.
Schon die Namen der Stationen waren betörend: Madeleine, Porte Dauphine, Etoile, Saint Michel, Pigalle, Place d'Italie. Und deshalb musste ich dorthin. Eine wilde Jagd kreuz und quer durch Paris. Am Ende bin ich wohl überall mindestens ein Mal gewesen, im Untergrund. Ein Ziel freilich lag oberirdisch: la Tour Eiffel, der Eiffelturm. Er ruhte als riesiger Magnet auf dem Champ de Mars und zog mich regelmäßig an. Es war mir egal, dass sich Hunderte, Tausende von Touristen zusammen mit mir hier drängten. Ich nahm sie gar nicht wahr. Ich wollte nur staunen. Über ein Bauwerk wie sonst keines. Das war Paris beim ersten Mal.
Heute ist Paris eine andere Stadt. Aber soll man überhaupt zurückkehren, sich sein schönes Bild von einst verderben? Hatte nicht schon Victor Hugo gejammert über ein Paris, das die historische Bedeutung seiner Architektur jeden Tag mehr verwischt? Hatte man nicht in den Feuilletons die einschlägigen Kritiken gelesen über den Abriss ganzer Stadtviertel zugunsten von seelenlosen Prestigeobjekten: La Défense, Centre Pompidou, Bibliothèque Nationale?
Hinfahren und selber sehen, lautete der Beschluss. Und den braucht man nicht zu bereuen. Denn weil Paris eine mutige Metropole ist, bleibt sie am Leben, wird jünger, nicht älter. Erneuerung geschieht hier, der Franzose möge verzeihen, nicht auf zaghaft europäische, sondern auf amerikanische Art: im großen Stil, mit dem Willen zum Gigantischen. Das war im 19. Jahrhundert schon so mit den Boulevards des Barons Haussmann und dürfte mit Renzo Pianos und Richard Rogers Centre Pompidou oder der gläsernen Louvre-Pyramide von I. M. Pei nicht enden. Gut so. Die Zeit wird auch den radikalsten Umbruch ins Stadtbild einfügen.
Und der Eiffelturm? Ein profanes Bauwerk, inzwischen zu oft gesehen in Filmen, auf Postkarten, als Schlüsselanhänger? Sich doch noch mal einreihen unter all die Touristen, die schnatternden Amerikaner und Japaner? – Ja. Denn der eiserne Turm gehört dazu. Ein Parisbesuch ohne ihn ist keiner. Kompliment, er hat sich wacker gehalten unter all den architektonischen und gen Himmel strebenden Neuerungen.
Aber jetzt fort vom Bekannten, vom touristisch Erschlossenen. Hinein in ein Paris, das sich nicht zur Schau stellt, sondern das auf sich selbst bezogen ist. Ins Marais, ehemals ein Sumpfgebiet am Stadtrand, jetzt eine vor-

Linke Seite: links Place des Vosges, rechts Bois de Boulogne
Rechte Seite: Café im Quartier Latin

nehme Wohngegend. Aber nicht nur das: In der Rue des Rosiers konzentriert sich das jüdische Leben. Orthodox gekleidete Männer mit schwarzen Hüten, Schläfenlocken und langen Bärten sind dort zu Fuß unterwegs zu ihren Geschäften und Werkstätten. Ashkenazim aus Osteuropa, Sephardim aus Nordafrika: Die Schaufenster der Läden quellen über von kulinarischen Köstlichkeiten aus ihrer Heimat.

Eine paar Schritte weiter die Place des Vosges, vielleicht der schönste Platz der Stadt. Rentner ruhen sich auf den Bänken aus. Die Jüngeren liegen auf den Rasenflächen. Kinder spielen im Sandkasten, Studenten schreiben auf den Knien ihre Hausarbeiten, Frauen blättern in Magazinen. Unter den Laubengängen musiziert ein Streichquartett Brahms, gegenüber singt eine Musikstudentin Arien, nebenan präsentiert eine Geigerin Zigeunermusik. Alles an einem normalen Sonntagnachmittag. Ach, Paris!

Auf der Place des Vosges verliert man sich leicht in Träumereien. Da kommen Erinnerungen auf an einen früheren Besuch in der Stadt, zusammen mit der studentischen Freundin. Wir hatten damals Balzacs „Comédie Humaine" und die Bücher Emile Zolas verschlungen und machten uns auf Spurensuche: Was war geblieben vom Paris der Romane? Vom Milieu des Karrieristen Eugène de Rastignac und der Kokotte Nana? Wir saßen am Ufer der Seine und träumten uns ins 19. Jahrhundert zurück. Das funktionierte damals. Noch schöner: Auf einen der 70 m hohen Türme von Notre-Dame zu steigen, Victor Hugos Roman „Der Glöckner von Notre-Dame" in der Hand, und von dort oben dessen Vogelschau auf das mittelalterliche Paris mit der aktuellen Silhouette der Stadt zu vergleichen.

Literaturvernarrt wie wir waren, lungerten wir tagelang in den Cafés und Kneipen von Saint-Germain-des-Prés herum. Hemingways Hommage „Paris – ein Fest fürs Leben" vor uns auf dem Tisch, Gedanken an die glorreichen 20er-Jahre im Kopf. Wenig war übrig von der Atmosphäre jener Epoche, die Protagonisten waren längst tot. Doch das konnte die Erregung beim Eintritt in eines der unsterblich gewordenen Boheme-Lokale nicht abmildern. Allein die Preise für einen Kaffee oder ein Bier hätten uns klarmachen müssen: Hier vermarktet Paris, damals wie heute, seine berühmten Künstler auf ziemlich unverschämte Weise. Doch was kümmert das zwei lesende Studenten.

Zurück ins wirkliche Leben: in den Stadtteil Belleville, den ethnischen Schnittpunkt des ehemaligen französischen Kolonialreiches. An der Kreuzung von Rue de Belleville und Boulevard de Belleville präsentiert sich innerhalb von einer Stunde nicht weniger als die halbe Welt. Einwanderer aus 100 Ländern leben im Viertel. Nur Eingeweihte wissen, in welchen Straßen vorwiegend Westafrikaner oder Araber, Chinesen oder Vietnamesen wohnen. Um die Ecke, in der nächsten Gasse, im nächsten Jahr kann es schon wieder ganz anders sein. Alles in allem keine heile Welt, aber ganz sicher keine urbane Einöde wie in den krisengeschüttelten Banlieus. Auch die gehören zu Paris, doch der Besucher, zum Glück, kann sie ausblenden, wenn er will.

l'Entrecôte
de l'Entrecôte

Linke Seite: Palais de Justice
Rechte Seite: links Chez Georges im Centre Georges Pompidou, rechts Champs-Elysées mit Arc de Triomphe

Paris regeneriert sich im ständigen Wandel, und so wird auch Belleville nicht bleiben, was es ist. Wie ein Keil aus den vornehmen Vierteln dringt die Rue Oberkampf bereits in den multikulturellen Stadtteil ein, gesäumt von ethnischen Restaurants, in denen sich die Schickeria ein Stelldichein gibt. Hier gilt wie überall in der Stadt: Was in Paris heute exotisch erscheint, liegt morgen im Trend. Und was hier im Trend liegt, setzt gleich Maßstäbe für die ganze Welt: in der Mode durch legendäre Couturiers wie Yves Saint Laurent, Balmain, Dior und Cardin. Für Gourmets, die nirgendwo sonst eine solche Auswahl an besternten Restaurants der Haute Cuisine finden oder sich auf mehr als 60 Wochenmärkten mit den besten Käsesorten Frankreichs eindecken können. Für Kunstliebhaber sowieso, denn der Louvre ist und bleibt das Kunstmuseum Nummer eins auf der Welt, und in seinem Gefolge gibt es gleich noch ein halbes Dutzend hochkarätiger Gemälde- und Skulpturensammlungen.
Da muss man akzeptieren, dass die Bewohner von Paris eine andere Spezies sind: selbstbewusst, stolz, bisweilen arrogant. All die historische und kulturelle Größe färbt unweigerlich auf jeden Einzelnen ab. Die Pariserin zelebriert deshalb mit vollem Recht auf den Boulevards ihre elegante Eitelkeit, und der Pariser darf sich beim angeregten Wortwechsel im Bistro jedem Gesprächspartner von vornherein überlegen fühlen. Wir Touristen mögen uns manchmal von oben herab behandelt wähnen, doch das ist läppisch im Vergleich zur Verachtung des Parisers gegenüber der französischen Provinz.

Es hilft nichts, man muss immer wiederkommen, wiedersehen, Neues sehen. Ich habe einen Plan fürs nächste Mal: Dann stehen Orte auf dem Programm, in denen sich Paris nicht brutal umgemodelt, sondern behutsam erneuert hat: das Musée d'Orsay, der ehemalige Bahnhof, in dem Edouard Manets skandalträchtige „Olympia" inmitten der weltweit großartigsten Sammlung impressionistischer Malerei hängt. Oder das Hôtel Salé, ein alter Adelspalast, wo das Musée Picasso residiert, mit einem umfassenden Überblick über das Œuvre des Künstlergenies. Dann die glasgedeckten Passagen, die den Flaneuren des 19. Jahrhunderts als Laufstege dienten und die später verfielen; einige von ihnen hat man mittlerweile saniert. Schließlich die Promenade Plantée am Gare de Lyon, ein 150 Jahre alter Eisenbahnviadukt, der jetzt das Schmuckstück eines fünf Kilometer langen linearen Parks ist. Und da war doch noch etwas – ach so, der Eiffelturm.

Volker Mehnert
Der Autor reist seit Jugendtagen immer wieder nach Paris. Ansonsten lebt er bei Frankfurt und schreibt unter anderem regelmäßig für die „FAZ", „WELT am SONNTAG" und das Internet-Reisemagazin www.schwarzaufweiss.de.

PANTHEON
Lido

GLACES
La crêperie des
Canettes
vente à emporter
crêpes galettes et
pancakes
glaces artisanales
1 boule : 2€
2 boules : 3€

Linke Seite: oben Moulin Rouge, unten links Bouquinisten am Seine-Ufer, unten rechts Geschäft im Quartier Latin
Rechte Seite: Rue Norvins, Montmartre

Sehenswürdigkeiten

Im Innenhof des ehrwürdigen Louvre steht die Glaspyramide als Symbol für den Wandel der Stadt, ja des ganzen Landes. Altes harmoniert mit Neuem. Was gestern Menschenmassen lockte, wird heute umgestaltet und morgen neu interpretiert. Paris war schon zu Zeiten der Könige kulturelles und architektonisches Experimentierfeld. Nach der Revolution galt es, mit dem mittelalterlichen Paris aufzuräumen, große Boulevards und stattliche Häuserzeilen anzulegen. In unseren Tagen sind es die Präsidenten der Republik, die mit innovativen Bauprojekten der Stadt ihren Stempel aufdrücken. Georges Pompidou machte den Anfang mit dem Centre Beaubourg für moderne Kunst, das heute Centre Pompidou heißt. François Mitterrand setzte die Welt mit der Glaspyramide am Louvre und der Schaffung des Viertels La Défense mit der Grande Arche, dem modernen Triumphbogen, in Erstaunen. Jacques Chirac sucht die Nachwelt am Quai Branly zu beeindrucken: Das neue Museum, das die verschiedenen ethnologischen Kunstsammlungen der Stadt unter einem Dach vereint, widmet sich in großem Stil den außereuropäischen Kulturen. Die Welt kommt nach Paris, und Paris öffnet sich der Welt.

Linke Seite: Pont-Neuf
Rechte Seite: links Place Vendôme, rechts Arkaden am Place des Vosges

Linke Seite: oben Place des Vosges, unten Palais du Luxembourg
Rechte Seite: oben Place du Tertre, Montmartre,
unten Palais de Justice

Arc de Triomphe

Place Charles-de-Gaulle
75008 Paris
8. Arrondissement
Telefon: +33 / 155 37 73 77
www.monum.fr
www.parismuseumpass.fr

Öffnungszeiten: April–Sept täglich 10.00 bis 23.00 Uhr, Okt–März täglich 10.00 bis 22.30 Uhr; 1.1., 1.5., 8.5., 14.7., 11.11. jeweils vormittags und 25.12. ganztags geschlossen
Eintrittspreise: Ab 5 €, Eintritt frei für Schwerbehinderte und Inhaber des Museumspasses
Metrostation: Charles de Gaulle - Etoile
Stadtplan: Nr. 1

Im Zentrum der Place Charles de Gaulle erhebt sich das mächtige, 50 m hohe und 45 m breite Bauwerk, das den Triumphbögen der römischen Antike nachempfunden ist. Seine Reliefs ehren die französische Armee und erinnern an Schlachten und Siege Napoléons, der bei der Fertigstellung des Monuments 1836 jedoch schon anderthalb Jahrzehnte tot war. Im Innern des Baudenkmals informiert ein Museum über die Militärgeschichte der Grande Nation. Der Aufstieg zur Aussichtsplattform wird mit einem grandiosen Blick auf die französische Metropole belohnt. Hier oben zeigt sich, warum der Standort des Arc de Triomphe früher Place de l'Etoile hieß: Zu Füßen des Betrachters treffen zwölf Avenuen sternförmig aufeinander. In der Ferne erkennt man den mehr als doppelt so hohen, modernen Triumphbogen im Viertel La Défense: La Grande Arche.

Champs-Elysées

Avenue des Champs-Elysées
75008 Paris
8. Arrondissement

Metrostation: Franklin D. Roosevelt, Champs-Elysées - Clemenceau
Stadtplan: Nr. 8

Die 70 m breite Avenue des Champs-Elysées gilt als Inbegriff einer Prachtstraße. *Les champs* bilden eine schnurgerade, knapp 2 km lange Achse zwischen den Tuilerien und dem Arc de Triomphe. Luxuriöse Geschäfte und grandiose Bauwerke sind an ihr wie Perlen aufgereiht, darunter der Grand Palais und der Petit Palais, die anlässlich der Weltausstellung im Jahr 1900 errichtet wurden. Hinter üppigem Grün versteckt sich der geschichtsträchtige Elysée-Palast von 1722, der Amtssitz der französischen Präsidenten. Der Name der Prachtstraße leitet sich vom Wort *elysion* ab, einem gesegneten Ort, wo laut griechischer Mythologie nur auserwählte Helden Einlass finden. In diesen „Gefilden der Seligen“ feiert sich die Grande Nation am Nationalfeiertag oder jubelt frenetisch, wenn die Teilnehmer der Tour de France ihr Ziel erreichen.

Fouquet's
Fouquet's
Fouquet's
Fouquet's

Place de la Concorde

Place de la Concorde
75008 Paris
8. Arrondissement
www.insecula.com

Metrostation: Concorde
Stadtplan: Nr. 51

Angelegt Mitte des 18. Jahrhunderts zu Ehren Ludwig XV., erhielt der Platz bald einen neuen, blutigen Zweck: Die Guillotine ersetzte das Reiterstandbild des Königs. Ludwig XVI., seine Frau Marie-Antoinette und viele andere verloren dort während der Revolution ihren Kopf. Seit 1836 beherrscht der majestätische Obelisk aus Luxor die weitläufige Platzanlage. Die 230 t schwere und 23 m hohe „Nadel der Kleopatra" war ein Geschenk des Vizekönigs von Ägypten an Frankreich als Dank für die Entzifferung der Hieroglyphen durch den französischen Gelehrten Champollion im Jahre 1831. Fünf Jahre dauerte der Transport, und für die Fahrt auf der Seine wurde eigens ein Schiff konstruiert. Die Place de la Concorde trennt die Tuilerien von der Prachtstraße Champs-Elysées und besitzt trotz des enormen Autoverkehrs, der hier 10-spurig fließt, ein besonders majestätisches Flair.

Notre-Dame

Ile de la Cité
6, place du Parvis-Notre-Dame
75004 Paris
4. Arrondissement
Telefon: +33 / 142 34 56 10
www.cathedraledeparis.com

Öffnungszeiten: täglich 7.45 bis 18.45 Uhr; Führung in deutscher Sprache Di 12.00 Uhr; Besuch der Glockentürme 9.30 bis 19.30 Uhr alle 10 Min.
Eintrittspreise: 7,50 €, ermäßigt 4,80 €, Gruppe 5,70 €
Metrostation: Cité, St-Michel - Notre-Dame
Stadtplan: Nr. 48

WELT-Tipp: Wenn Sie über den Pont St-Louis gehen, kommen Sie zu „Berthillon". Hier gibt es das beste Eis der Stadt (Mi–So, 31, rue St-Louis-en-Ile).

Seit 700 Jahren dominiert das zwischen 1163 und 1345 errichtete gotische Schmuckstück Notre-Dame die Ile de la Cité. Insbesondere die Westfassade beeindruckt mit ihrem reich verzierten Portal und der Galerie der alttestamentarischen Könige. Während der Französischen Revolution verloren sie allerdings ihre Köpfe, weil die Skulpturen für französische Könige gehalten wurden. Derb-lustige, mittelalterliche Fabelwesen blicken von überall hämisch auf das Geschehen. Mitte des 19. Jahrhunderts begannen unter der Leitung des Architekten Eugène Viollet-le-Duc umfangreiche Restaurierungsmaßnahmen an der vom Einsturz bedrohten Kathedrale. Kurz zuvor war Victor Hugos großer Roman „Notre-Dame de Paris" erschienen, der der Kathedrale viel Platz widmet. Der 35 m hohe 5-schiffige Innenraum wird besonders durch die prächtige und mit 13 m Durchmesser größte Fensterrosette des Mittelalters erhellt.

DANIEL SWAROVSKI

La Sainte-Chapelle

4, boulevard du Palais
75001 Paris
1. Arrondissement
Telefon: +33 / 153 40 60 80
www.monum.fr
www.parismuseumpass.fr

Öffnungszeiten: Nov–Feb täglich 9.00 bis 17.00 Uhr, März–Okt täglich 9.30 bis 18.00 Uhr; 1.1., 1.5. und 25.12. geschlossen
Eintrittspreise: 5,50 €, ermäßigt 3,50 €, Gruppen 4,50 €; mit Museumspass Eintritt frei
Metrostation: Cité
Stadtplan: Nr. 55

Die Kapelle der ehemaligen königlichen Residenz, ein Juwel des hochgotischen Stils, liegt heute im Justizpalast verborgen. In nur wenigen Jahren, vermutlich von 1239 bis 1248, wurde das Bauwerk auf Wunsch des französischen Königs Ludwig IX., des Heiligen, errichtet, um dort die Passionsreliquien – die Dornenkrone Christi und Teile des Kreuzes – aufzubewahren. In der farbenprächtigen, aber dunklen Unterkapelle nahm der Hofstaat am Gottesdienst teil. Die Oberkapelle, die der königlichen Familie und den Würdenträgern vorbehalten war, ist ganz Transparenz und Farbe, die Wände scheinen ausschließlich aus Fenstern zu bestehen, die in mehr als 1 100 Szenen die Geschichte des Alten und Neuen Testaments erzählen. Besonders am frühen Nachmittag erleben Besucher einen lichtdurchfluteten Raum von zerbrechlicher Schönheit, der in Rot und Blau erstrahlt.

Eiffelturm

Champ-de-Mars
75007 Paris
7. Arrondissement
Telefon: +33 / 144 11 23 23
www.tour-eiffel.fr

Öffnungszeiten: Jan–15. Jun und Sept–Dez 9.30 bis 23.45 Uhr (Aufzug), 9.30 bis 18.30 Uhr (Treppe); 16. Jun–Aug 9.00 bis 0.45 Uhr (Aufzug + Treppe)
Preise: Aufzug 4,20 €, 7,70 € + 11 € Treppe, ermäßigt für Kinder 3,80 €
Metrostation: Bir-Hakeim, Champ de Mars - Tour Eiffel, Ecole Militaire
Stadtplan: Nr. 18

WELT-Tipp: Um die Warteschlange zu vermeiden, nehmen Sie am besten bis zur ersten Plattform die Treppe. Weiter hoch geht es von dort aus mit dem Fahrstuhl.

Der Eiffelturm, einst Wahrzeichen für das moderne Industriezeitalter, ist heute das Symbol Frankreichs in aller Welt. Sein Erbauer Alexandre Gustave Eiffel (1832 bis 1932) schuf den Stahlfachwerkturm anlässlich der Hundertjahrfeier der Französischen Revolution und der Pariser Weltausstellung im Jahr 1889 zunächst nur als Provisorium. Nach 20 Jahren sollte er wieder abgerissen werden. Doch es kam anders. Die Pariser Bevölkerung lernte das zu Anfang geschmähte Bauwerk lieben. Das Werk von 3 000 Metallarbeitern, die 18 038 Eisenteile mit 2,5 Millionen Nieten verbanden, erreicht eine Höhe von über 300 m. Die „Eiserne Dame" zieht jährlich sechs Millionen Touristen in ihren Bann. Die Aussicht ist überwältigend, und ein Besuch der Plattformen mit ihren Restaurants, ob auf 57 m, 115 m oder 276 m Höhe, krönt jede Parisreise.

Hôtel des Invalides und Invalidendom

129, rue de Grenelle
75007 Paris
7. Arrondissement
Telefon: +33 / 144 42 38 77
www.invalides.org
www.parismuseumpass.fr

Öffnungszeiten: Okt–März täglich 10.00 bis 17.00 Uhr, April–Sept täglich 10.00 bis 18.00 Uhr; am ersten Mo im Monat, 1.1., 1.5., 1.11. und 25.12. geschlossen
Eintrittspreise: 8 €, ermäßigt 6 €, Gruppen 4 €, unter 18 Jahren frei, Kopfhörerführung 1 €, mit Museumspass Eintritt frei
Metrostation: La Tour-Maubourg, Varenne
Stadtplan: Nr. 26

Der prunkvolle Gebäudekomplex des Hôtel des Invalides mit der dominierenden Domkirche, den Ludwig XIV. zur Aufnahme und Versorgung von über 4000 Kriegsveteranen in Auftrag gab, wurde zu einer Machtdemonstration des Sonnenkönigs gegenüber dem Papst. Auf der Höhe seiner Macht ließ Ludwig XIV. den 1706 geweihten, jedoch erst 1735 vollendeten Invalidendom nach dem Vorbild des Petersdoms errichten und suchte auf diese Weise, die französische Kirche vom Einfluss Roms zu befreien. Der weithin sichtbare, barock-klassizistische Monumentalbau mit der vergoldeten Kuppel ist das Meisterwerk von Jules Hardouin-Mansart und sollte die letzte Ruhestätte des Sonnenkönigs werden. Stattdessen wurde dort 1840 der erste französische Kaiser Napoléon Bonaparte beigesetzt. Sein Sarkophag steht in einer eigens erbauten offenen Krypta.

Marais

Place des Vosges
75003 Paris
3. + 4. Arrondissement
www.insecula.com

Metrostation: St-Paul
Stadtplan: Nr. 33

WELT-Tipp: Das Marais ist heute der Stadtteil, wo Sie die meisten ausgefallenen Boutiquen und Galerien in Paris finden, egal, ob Sie unkonventionelle Mode, aktuelle Kunst oder ausgefallene Andenken an Ihren Parisaufenthalt suchen.

Im Herzen der Stadt liegt dieses Viertel, das die Modernisierungswut des 19. Jahrhunderts fast unbeschadet überstanden hat. Das Marais wirkt sehr ursprünglich und strahlt besonders viel Atmosphäre aus. Denn außer sehr alten und prachtvollen Stadtpalästen des Adels, den *hôtels*, beherbergt das Quartier auch zahlreiche windschiefe Handwerkerhäuser. Einen der schönsten Plätze von Paris, die Place des Vosges, ließ Heinrich IV. 1605 im Marais anstelle eines Pferdemarktes anlegen und weihte ihn 1612 anlässlich seiner Hochzeit mit einem rauschenden Fest ein. Kardinal Richelieu und auch Victor Hugo wohnten hier. Der heute in seiner Mitte gelegene Park ist eine Oase der Ruhe. Das Viertel ist auch das historische Zentrum des jüdischen Lebens in Paris. Heute weist in Sushi-Bars und Pizzerien oftmals ein Kashrut-Zertifikat auf die Einhaltung der Jüdischen Speisegesetze hin.

Sacré-Cœur

35, rue du Chevalier-de-la-Barre
75018 Paris
18. Arrondissement
Telefon: +33 / 153 41 89 00
www.sacre-coeur-montmartre.com

Öffnungszeiten: täglich 6.00 bis 23.00 Uhr
Eintrittspreise: Eintritt frei
Metrostation: Abbesses, Anvers, Lamarck - Caulaincourt
Stadtplan: Nr. 54

Hoch oben auf dem Montmartre-Hügel hielten schon die Druiden ihre Zeremonien ab, und die Römer errichteten dort ihre Tempel. St-Pierre, das 1147 geweihte älteste christliche Gotteshaus des Viertels, fristet ein Schattendasein neben der weithin sichtbaren, strahlend weißen Kirche Sacré-Cœur. Die Basilika im Zuckerbäckerstil entstand ab 1876 nach Plänen des Architekten Paul Abadie, inspiriert durch den romanisch-byzantinischen Stil der Hagia Sophia und den Markusdom. Im 19. Jahrhundert zog Montmartre viele Künstler und Literaten an. Berühmte Maler wie Auguste Renoir, Vincent van Gogh und Toulouse-Lautrec sowie später auch Picasso, Georges Braque und Modigliani wohnten und wirkten hier. Beliebte Orte des Amüsements waren und sind noch heute das Kabarett Le Lapin Agile und das legendäre Moulin Rouge.

La Grande Arche

1, parvis de la Défense –
Paroi Nord – 35. Stock
92044 Paris La Défense cedex
La Défense
Telefon: +33 / 149 07 27 27
www.grandearche.com

Öffnungszeiten: April–Sept täglich 10.00 bis 20.00 Uhr, Okt–März täglich 10.00 bis 19.00 Uhr
Eintrittspreise: Erwachsene 7,50 €, Kinder unter 6 Jahren frei, Jugendliche bis 18 Jahre und Studenten 6 €, reduzierte Eintrittspreise für Familien
Metrostation: La Défense - Grande Arche
Stadtplan: Nr. 22
Besondere Hinweise: Restaurant täglich 11.30 bis 14.30 Uhr, Aussichtsterasse

Der futuristische neue Triumphbogen im Vorort La Défense zählt zu den großen Bauvorhaben, die unter dem französischen Präsidenten François Mitterrand verwirklicht wurden und das Stadtbild nachhaltig verändert haben. Der vom dänischen Architekten Johan Otto von Spreckelsen konzipierte gigantische Kubus mit einer Höhe von 111 m und einer Breite von 107 m wurde pünktlich zur Zweihundertjahrfeier der Französischen Revolution im Jahr 1989 fertiggestellt und symbolisiert ein „Fenster zur Welt – mit Blick in die Zukunft". Die reflektierende Fassade aus Carrara-Marmor und Glas sowie das zwischen dem Torbogen gespannte weiße Segel *le nuage* (die Wolke) schwächen den monumentalen Eindruck des Gebäudes ab. Gläserne Panoramaaufzüge führen zur Dachterrasse. Von dort schweift der Blick entlang der *axe historique*, einer schnurgeraden Achse, die bis zum Louvre verläuft.

Kultur
Museen Galerien Theater Kinos

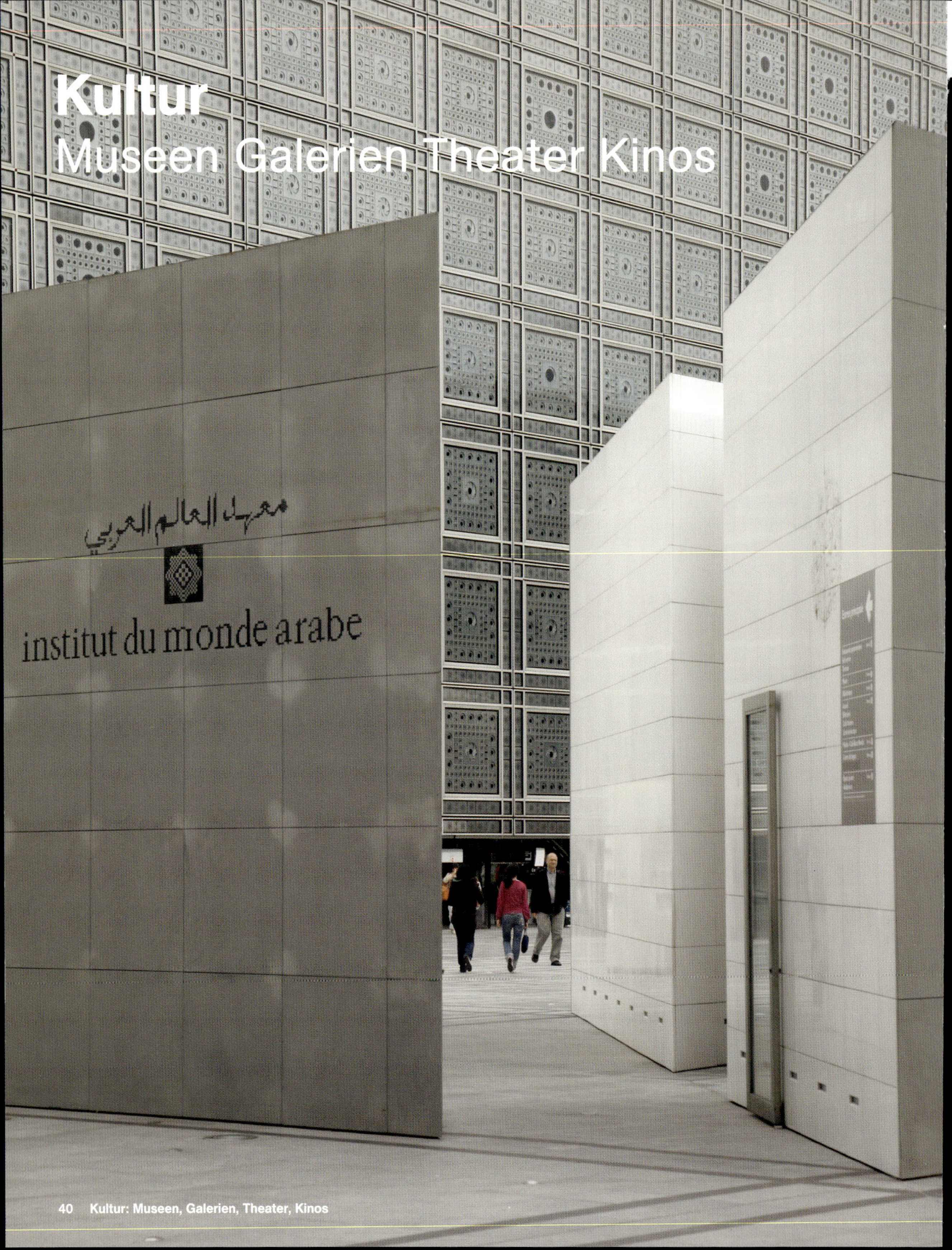

Kultur und Gegenkultur – das Angebot der französischen Hauptstadt ist so reich, dass man nie alle Möglichkeiten ausschöpfen kann. Man hat die Wahl zwischen bis zu 300 Kulturveranstaltungen pro Abend. Das Spektrum beginnt bei einer Inszenierung in der Comédie Française, dem großen Staatstheater, oder in der Opéra de la Bastille, dem hochmodernen Bühnengebäude der Superlative. Es reicht über eine Session in einem der hochkarätigen Jazzclubs oder die eigens für Touristen konzipierten Revuen im Moulin Rouge, Crazy Horse und Lido bis hin zu einem Slam- oder Rap-Konzert in der Vorstadt. Cinéasten wird wiederum in der Cinémathèque Française und den mehr als 300 Kinos jeder Wunsch erfüllt. Museen wie der Louvre bieten Einblicke in große Epochen der Vergangenheit, andere wie die Cité des Sciences öffnen den Blick in die Zukunft. Wer Alternatives sucht, schaut am besten in den Ateliers der jungen Kunstszene vorbei, die in einem ehemaligen Kühlhaus in der Nähe der Tolbiac-Brücke untergebracht sind. Die Metropole an der Seine hält den Besucher in Atem, denn sie kommt nie zur Ruhe.

Linke Seite: Institut du Monde Arabe
Rechte Seite: links Opéra Garnier, rechts Centre Georges Pompidou

Musée du Louvre

75058 Paris Cedex 01
1. Arrondissement
Telefon: +33 / 140 20 53 17
www.louvre.fr
www.parismuseumpass.fr

Öffnungszeiten: Mi–Mo 9.00 bis 18.00, Mi+Fr bis 22.00 Uhr; 1.1., 1.5. und 25.12. geschlossen
Eintrittspreise: 8,50 €, von 18.00 bis 22.00 Uhr ermäßigt 6 €; am ersten So im Monat und mit Museumspass Eintritt frei
Ticketservice: Ticketvorverkauf +33 / 140 13 49 13
Metrostation: Palais-Royal - Musée du Louvre
Stadtplan: Nr. 40

Der einstige Königspalast ist das bekannteste und größte Museum der Welt. Seit 1989 betreten Besucher die Kunstsammlungen durch die Glaspyramide im Museumshof, die der chinesisch-amerikanische Architekt Ieoh Ming Pei entwarf. Zunächst als „Gewächshaus" oder „Käseglocke" verspottet, verhalf die Pyramide dem Image des Museums schon bald zu mehr Frische. Der Louvre beherbergt über 300 000 Exponate, darunter weltberühmte Werke wie die „Mona Lisa" und die „Venus von Milo" sowie eine ägyptische Abteilung von Weltrang. Den Grundstock des Museums bildeten die Privatkollektionen der französischen Könige, die während der Revolution konfiszierten Kunstschätze des Adels und der Kirche sowie Beutestücke aus den Napoleonischen Kriegen.

Centre d'Art et Culture Georges Pompidou

19, rue Beaubourg
75004 Paris
4. Arrondissement
Telefon: +33 / 144 78 12 33
www.centrepompidou.fr
www.parismuseumpass.fr

Öffnungszeiten: Mi–Mo 11.00 bis 22.00 Uhr; 1.5. geschlossen
Eintrittspreise: „Ticket Musée & Expositions" 10 €, gültig für alle laufenden Ausstellungen, Espace 315 und die Kindergalerie; für Kinder von 6 bis 18 Jahre Freikarte lösen; Kinder unter 6 Jahre und mit Museumspass Eintritt frei
Metrostation: Rambuteau
Stadtplan: Nr. 7

WELT-Tipp: In ganz Paris finden Sie keinen besser sortierten Kunstbuchladen oder Museumsshop.

In den 70er-Jahren wurde das futuristische, anfangs sehr umstrittene Bauwerk von Renzo Piano und Richard Rogers mitten in einem altehrwürdigen Pariser Quartier errichtet, ein spannender Gegensatz zwischen Gebäude und Ambiente war das Resultat. An der Fassade sind eine verglaste Rolltreppe sowie bunt lackierte Versorgungsrohre sichtbar angebracht, die an eine Raffinerie erinnern. Unter dem Dach dieser „Kulturfabrik" sind im Musée d'Art Moderne alle Großen des 20. Jahrhunderts vertreten: Wer unten ein Bild von Paul Klee betrachtet, braucht nur den Blick zu heben, um einen Kandinsky zu sehen. Es gibt 56 000 Kunstwerke von über 5 000 Künstlern zu bewundern, ergänzt von wechselnden Ausstellungen. Die Dachterrasse gewährt einen wundervollen Blick auf Paris.

Musée Picasso

Hôtel Salé
5, rue de Thorigny
75003 Paris
3. Arrondissement
Telefon: +33 / 142 71 25 21
www.musee-picasso.fr
www.parismuseumpass.fr

Öffnungszeiten: April–Sept Mi–Mo 9.30 bis 18.00 Uhr, Okt–März Mi–Mo 9.30 bis 17.30 Uhr; 1.1. und 25.12. geschlossen
Eintrittspreise: 9,50 €, 18 bis 25 Jahre 7,50 €, bis 18 Jahre und mit Museumspass Eintritt frei
Metrostation: St-Paul, St-Sébastien - Froissart, Chemin Vert
Stadtplan: Nr. 44

In Frankreich kann man die Erbschaftsteuer auch in Form von Kunstwerken leisten. So trennten sich Pablo Picassos Erben nach dessen Tod von 203 Bildern und 156 Skulpturen, von Collagen, Keramiken und 30 Notizbüchern – und Paris erhielt ein Picasso-Museum. Es befindet sich im prächtigen Hôtel Salé, dass im 17. Jahrhundert als Residenz eines Salzsteuereintreibers erbaut wurde. Aus dem Nachlass von Picassos zweiter Ehefrau Jacqueline stießen 1990 weitere 47 Gemälde zur Sammlung. Das Museum präsentiert 75 Jahre kreativen Schaffens und dokumentiert alle Kunstphasen, die der Künstler durchlaufen hat. Es gewährt auch Einblicke in Picassos private Sammlung mit Werken von Cézanne, Rousseau und Miró und zeigt seine Faszination für afrikanische Masken.

PICASSO
BERGGRUEN UNE COLLECTION PARTICULIERE
PICASSO
BERGGRUEN

Musée National du Moyen Age – Hôtel de Cluny

6, place Paul-Painlevé
75005 Paris
5. Arrondissement
Telefon: +33 / 153 73 78 16
www.musee-moyenage.fr
www.parismuseumpass.fr

Öffnungszeiten: Mi–Mo 9.15 bis 17.45 Uhr; 1.1., 1.5. und 25.12. geschlossen
Eintrittspreise: 7,50 €, ermäßigt 5,50 €, frei bis 18 Jahre und am ersten So des Monats; Kopfhörerführung in 6 Sprachen im Preis inbegriffen
Metrostation: Cluny - La Sorbonne
Stadtplan: Nr. 42

Rund um die ehrwürdige Universität Sorbonne sorgen die Studenten für ein buntes Treiben, während am Seine-Ufer die *bouquinistes* antiquarische Postkarten, Stiche und Bücher anbieten. Das Quartier hat Charme. Inmitten von Boheme, Boutiquen und Bistros findet sich ein historisches Kleinod, der Palast der Äbte von Cluny. Er wurde im 15. Jahrhundert auf den Ruinen einer gallo-römischen Thermenanlage errichtet, ein Frigidarium (Kaltwasserbad) aus dem 3. Jahrhundert ist noch erhalten. Das im spätgotischen Flamboyant-Stil erbaute Stadtpalais bildet den passenden Rahmen für das Musée National du Moyen Age, dessen größte Attraktionen der 6-teilige Wandbehang mit dem Motiv der „Dame mit dem Einhorn" aus dem 15. Jahrhundert sowie die Skulpturen von Notre-Dame sind, darunter 21 im Jahre 1977 gefundene Köpfe von Statuen der Königsgalerie. Im Anschluss an den Besuch des Museums lockt ein Bummel auf dem Boulevard Saint-Michel, dem pulsierenden Herzen des Quartiers.

Musée d'Orsay

62, rue de Lille
75007 Paris
7. Arrondissement
Telefon: +33 / 140 49 48 14
www.musee-orsay.fr
www.parismuseumpass.fr

Museumseingang: 1, rue de la Légion d'Honneur
Öffnungszeiten: Di+Mi, Fr–So 9.30 bis 18.00, Do 9.30 bis 21.45 Uhr; 1.1., 1.5. und 25.12. geschlossen
Eintrittspreise: 7,50 €, ermäßigt und So 5,50 €; mit Museumspass Eintritt frei
Metrostation: Solférino, Musée d'Orsay
Stadtplan: Nr. 43

Ein Bahnhof wurde zum Museum der besonderen Art: In den wunderschönen Belle-Époque-Hallen des ehemaligen Gare d'Orsay, erbaut anlässlich der Pariser Weltausstellung von 1900, sind heute unter anderem Edouard Manets „Déjeuner sur l'herbe", Henri de Toulouse-Lautrecs „Moulin Rouge" und Paul Gauguins „Femmes de Tahiti" zu sehen. Das künstlerische Schaffen der Zeit zwischen 1848 und 1914 wird mit Gemälden, Zeichnungen und Skulpturen umfassend dokumentiert. Neben impressionistischen Werken findet man solche der Kunstrichtungen Neorealismus, Symbolismus und Fauvismus. Damit stellt das 1986 eröffnete Museum ein Bindeglied zwischen Louvre und Centre Pompidou dar. Die Kunstobjekte locken Menschenmengen an und selbst Museumsmuffel, die den Louvre meiden, sollten sich diese Bilderschau nicht entgehen lassen.

Musée Quai Branly

37, quai Branly – Portail Debilly
75007 Paris
7. Arrondissement
Telefon: +33 / 156 61 70 00
www.quaibranly.fr

Öffnungszeiten: Di–So 10.00 bis 18.30, Do bis 21.30 Uhr
Eintrittspreise: 10 €, unter 18 Jahren 7,50 €, für Kinder und jeden ersten So im Monat Eintritt frei; Kopfhörerführung 15 €, ermäßigt 12,50 €
Ticketservice: Ticketreservierung per Internet möglich oder aus dem Inland unter 0 892 684 694
Metrostation: Iéna, Alma - Marceau, Pont de l'Alma
Stadtplan: Nr. 45

Jacques Chirac hat das Museum, das fremden Völkern und Stämmen aus Afrika, Asien, Ozeanien und Amerika gewidmet ist, im Juni 2006 feierlich eröffnet. Zivilisationen und Kulturen, die von der westlichen Welt oft missachtet wurden, erfahren hier eine umfassende Würdigung. Das Themenspektrum der Ausstellung reicht von der Ethnologie bis zur Kunstgeschichte. In dem von Jean Nouvel konzipierten Gebäude befinden sich rund 300 000 Objekte, die Frankreich in den letzten 500 Jahren gehortet hat und die zuvor in anderen Museen untergebracht waren. Der Bau gleicht einer auf Pfeilern ruhenden Brücke und befindet sich in einem hügeligen Garten mit dichtem Baumbestand. Durch eine riesige Glaswand wird das Museumsareal vom Stadtlärm abgeschirmt.

Musée National des Arts Asiatiques – Guimet

6, place d'Iéna
75116 Paris
16. Arrondissement
Telefon: +33 / 156 52 53 00
www.museeguimet.fr
www.parismuseumpass.fr

Öffnungszeiten: Mi–Mo 10.00 bis 18.00 Uhr;
Gartenrestaurant Maxence Telefon: +33 / 147 23 58 03
Eintrittspreise: 6 €, ermäßigt 4 €; mit Museumspass Eintritt frei
Metrostation: Iéna, Trocadéro, Boissière
Stadtplan: Nr. 41

Des Reichtums seiner Familie gewiss, begab sich der Lyoner Industrielle Emile Guimet (1836 bis 1918) im 19. Jahrhundert auf Forschungsreise durch die Welt. Er sammelte dabei viele Kleinode, die heute den Kern der größten Sammlung asiatischer Kunst außerhalb Asiens bilden. In dem von ihm gegründeten Museum werden 50 000 Kunstschätze aus 17 Ländern – von Afghanistan über Indien bis Japan – präsentiert, deren absoluter Höhepunkt eine 14-köpfige Skulptur aus Angkor Wat ist. In einem Nebengebäude befindet sich das buddhistische Pantheon mit religiösen Werken aus China und Japan. Die neuen Eindrücke verarbeitet man am besten bei einem Spaziergang durch den japanischen Garten oder bei einer japanischen Teezeremonie im Gartenpavillon.

Musée d'Art Moderne de la Ville de Paris

11, avenue du Président-Wilson
75016 Paris
16. Arrondissement
www.mam.paris.fr

Öffnungszeiten: Di–So 10.00 bis 18.00, Mi bis 22.00 Uhr
Eintrittspreise: 7 €, temporäre Ausstellungen frei
Metrostation: Alma - Marceau, Iéna
Stadtplan: Nr. 39

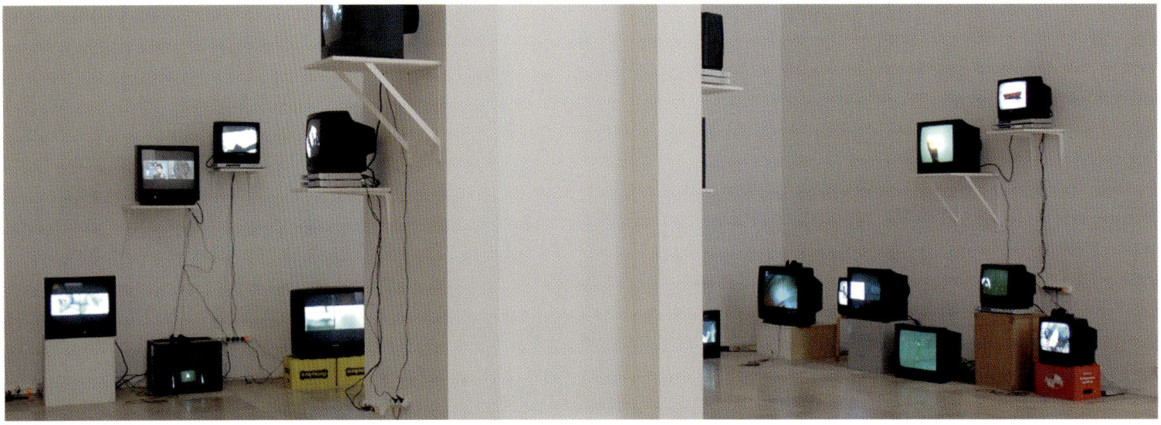

Das Musée d'Art Moderne de la Ville de Paris liegt am Seineufer im Herzen von Paris zwischen Champs-Elysées und Eiffelturm. Untergebracht in einem außergewöhnlichen Gebäude, das im Jahre 1937 anlässlich der Weltausstellung erbaut und im Jahre 1961 offiziell eingeweiht wurde, beherbergt das Museum eine wichtige Sammlung moderner und zeitgenössischer Kunstwerke. Aufgrund seiner temporären Ausstellungen genießt das Museum internationale Anerkennung. Die Sammlung des Museums zählt mehr als 10 000 Werke, die das Schaffen französicher und europäischer Künstler aus dem 20. Jahrhundert reflektieren. Die Abteilung ARC des Museums ist dem jüngsten zeitgenössischen Schaffen französischer und internationaler Künstler gewidmet. Dort ist man stetig darum bemüht, jüngste künstlerische Bewegungen festzuhalten oder diesen zuvorzukommen.

Musée Rodin

Hôtel Biron
79, rue de Varenne
75007 Paris
7. Arrondissement
Telefon: +33 / 144 18 61 10
www.musee-rodin.fr
www.parismuseumpass.fr

Öffnungszeiten: April–Sept Di–So 9.30 bis 17.45 Uhr,
Okt–März Di–So 9.30 bis 16.45 Uhr
Eintrittspreise: 6 € für permanente Ausstellungen und Garten,
Garten allein 1 €, 18 bis 25 Jahre 4 €, bis 18 Jahre und mit Museumspass
Eintritt frei
Metrostation: Varenne
Stadtplan: Nr. 46

Das Museum befindet sich im prachtvollen Hôtel Biron, einem 1728 bis 1731 von Jacques-Ange Gabriele errichteten Rokoko-Palais, wo der Bildhauer Auguste Rodin von 1908 bis zu seinem Tod 1917 lebte und arbeitete. Das Gebäude war vom Abriss bedroht, allen Mietern gekündigt worden. Rodin erstritt ein Wohnrecht auf Lebenszeit, indem er sein Gesamtwerk und die Rechte daran dem Staat stiftete. Auch setzte er durch, dass in dem Stadtpalais ein Museum mit seinen Werken entstand – dessen Eröffnung 1919 hat er allerdings nicht mehr erlebt. Gezeigt werden neben Rodins Werken auch die seiner langjährigen Geliebten und Schülerin Camille Claudel. Eine halbe Million Besucher zieht das Museum jährlich an. Der Charme des Anwesens ist bemerkenswert: Das Gebäude steht auf einem riesigen Grundstück, umgeben von einer 3 ha großen Gartenanlage, wo das „Höllentor" und „Die Bürger von Calais" zu bewundern sind.

LE PENSEUR

Fondation Le Corbusier

8–10, square du Docteur-Blanche
75016 Paris
16. Arrondissement
Telefon: +33 / 142 88 75 72
www.fondationlecorbusier.fr

Öffnungszeiten: Mo 13.30 bis 18.00, Di–Do 10.00 bis 12.30 und 13.30 bis 18.00 Uhr, Fr bis 17.00, Sa 10.00 bis 17.00 Uhr; So, Mo Vormittag, an Feiertagen und 7.–15.8. geschlossen
Eintrittspreise: Eintritt frei
Metrostation: Jasmin, Michel-Ange - Auteuil
Stadtplan: Nr. 20

Der Schweizer Architekt Le Corbusier arbeitete stets nach dem Prinzip: „Trau, schau wem". Auf seine Landsleute war er nicht gut zu sprechen. Lange vor seinem Tod hatte er die Stiftung gegründet und sie zur Alleinerbin seines Gesamtwerks ernannt, damit es als Ganzes erhalten bliebe. In den von ihm erbauten Villen Jeanneret und La Roche kann man sein vielseitiges Schaffen in allen Details bewundern: So findet man hier unter anderem Zeichnungen, Gemälde, Skulpturen – und natürlich die weltberühmten Corbusier-Sessel. Rund 3 500 Pläne, Skizzen und Studien zu 300 Projekten hat „Le Corbu" hinterlassen. Der Stiftung geht es gut: Corbusiers Möbeldesigns im Bauhausstil sind urheberrechtlich geschützt und bringen daher auch heute noch Tantiemen ein.

Opéra de la Bastille

120, rue de Lyon
75012 Paris
12. Arrondissement
Telefon: 08 92 89 90 90 (nur Inland)
+33 / 172 29 35 35
www.operadeparis.fr

Spielzeit: Ein Kalender mit den Daten der Aufführungen ist auf der Homepage einzusehen
Ticketservice: Telefonischer Kartenvorverkauf unter +33 / 172 29 35 35; Schalterverkauf: 130, rue de Lyon, für die ersten Aufführungen der Saison ab Juli täglich 10.30 bis 18.30 Uhr, außer So und feiertags
Metrostation: Bastille
Stadtplan: Nr. 49

„Der gestrandete Wal", so urteilten die Kritiker über die von dem kanadischen Architekten Carlos Ott entworfene Oper bei ihrer Einweihung im Jahr 1989, also 200 Jahre nach dem Sturm auf die Bastille. Ihr Vorwurf, die Akustik ließe zu wünschen übrig, wiegt schwer und ist nicht von der Hand zu weisen. Dennoch ist die Oper ein Bauwerk der Superlative. Alle Etagen eingerechnet hat sie eine Gesamtfläche von 160 000 m² und Platz für neun verschiedene Bühnen. Jeder der 2 700 Sitzplätze bietet uneingeschränkte Sicht auf das Bühnengeschehen, so dass der Augenschmaus auch für bescheidene Budgets garantiert ist. Wem die neue Oper nicht gefällt, der geht in die Opéra Garnier, das alte und verträumte Opernhaus aus dem 19. Jahrhundert. Es hat allen Voraussagen zum Trotz seine Tore nicht geschlossen.

Cité de la Musique

221, avenue Jean-Jaurès
75019 Paris
19. Arrondissement
Telefon: +33 / 144 84 44 84
www.cite-musique.fr
www.parismuseumpass.fr

Öffnungszeiten: Di–Sa 12.00 bis 18.00, So 10.00 bis 18.00 Uhr; Bücherei an Konzerttagen bis 20.00 Uhr; Mediathek Di–Sa 12.00 bis 18.00, So 13.00 Uhr bis 18.00 Uhr
Eintrittspreise: 7 €, für Kinder und Jugendliche unter 18 Jahren und mit Museumspass Eintritt frei; Mediathek frei, Konzert 8 € bis 38 €
Metrostation: Porte de Pantin
Stadtplan: Nr. 13

In La Villette im Nordosten von Paris, wo bis 1974 der zentrale Schlachthof der Stadt das Leben bestimmte, lädt seit den 90er-Jahren der futuristische Komplex der Cité de la Musique mit Konzertsaal, Mediathek und Museum in die Welt der Musik ein. Er ist ein Werk des Architekten Christian de Portzamparc. Die verschiedenen Musikrichtungen, von Renaissance über Klassik bis zu Jazz und Pop, werden vorgestellt, wobei auch auf die Musik anderer Kulturen eingegangen wird. Im Museum erwachen alte Musikinstrumente zu neuem Leben, denn der Besucher kann sie nicht nur betrachten, sondern über Kopfhörer auch ihrem Klang lauschen. Gleich neben der Cité wurde die Eisen-Glas-Konstruktion der alten Viehhalle von 1867 in ein modernes Veranstaltungsgebäude verwandelt, und die ehemalige Viehbörse dient als Theater.

Cité des Sciences et de l'Industrie

30, avenue Corentin-Cariou
75019 Paris
19. Arrondissement
Telefon: +33 / 140 05 80 00
www.cite-sciences.fr
www.parismuseumpass.fr

Öffnungszeiten: Di–Sa 10.00 bis 18.00, So bis 19.00 Uhr
Eintrittspreise: 8 €, ermäßigt 6 €, für Kinder unter 7 Jahren und mit Museumspass Eintritt frei; Cité des enfants 6 €; La Géode 9 €, unter 25 Jahren 7 €
Metrostation: Porte de la Villette
Stadtplan: Nr. 14

In der 1986 eröffneten Stadt der Wissenschaften und der Industrie wird der Satz des Pythagoras mit Wasser und Würfel widerlegt, der Geruchssinn getestet und auf Projektoren der Lauf der Sonne simuliert. In den thematisch geordneten Abteilungen des Museums im Parc de la Villette im Nordosten von Paris werden mithilfe zahlreicher interaktiver Spiele naturwissenschaftliche Phänomene leicht verständlich erklärt. Vis-à-vis des Ausstellungsgebäudes lädt die glitzernde Kugel La Géode zu spektakulärem Kinoerlebnis im 3-D-Format ein. Und auch die im Park verstreut errichteten feuerroten *folies* – abstrakte kubische Baukörper – erfüllen unterschiedliche Funktionen, etwa als Infopavillon, Aussichtspunkt, Kinderatelier, Café, Imbiss oder Erste-Hilfe-Station.

Espace

Gastronomie

Restaurants Cafés Bars Clubs

Paris ist auch auf kulinarischem Gebiet eine Metropole ersten Ranges. Hier sind alle Geschmackserlebnisse dieser Welt vereint, ob im üppigen Dekor fremder Kulturen oder in von aktuellen Designpäpsten gestaltetem Ambiente. Verhaltene Eleganz, internationale Clubatmosphäre sowie grandiose Zurschaustellung bürgerlicher Gastrokultur wechseln mit kompromisslos moderner Innenarchitektur. Denn es kommt nicht nur auf die exquisiten Speisen an, sondern auch auf den entsprechenden Rahmen. Dazwischen behaupten aller Globalisierung zum Trotz die guten alten Bistros ihren Platz. Viele haben die Menükarte der Zeit angepasst: Man isst leichter, gesünder – besser als zuvor. Das nächste Bistro ist nie weit entfernt, und selbst der Museumsbesuch lässt sich in Paris mit einem kulinarischen Erlebnis abrunden: Wo andernorts oft nur ein langweiliges Museumscafé anzutreffen ist, findet man hier nicht selten ein Feinschmeckerlokal. Die Gastronomie ist nach wie vor integraler Teil der französischen Kultur.

Linke Seite: Market
Rechte Seite: links Brasserie Lipp, rechts Le Train Bleu

Brasserie Lipp

151, boulevard Saint-Germain
75006 Paris
6. Arrondissement
Telefon: +33 / 145 48 53 91

Öffnungszeiten: täglich ab 9.00 Uhr, letzte Bestellung um 0.45 Uhr
Preise: Ab 45 € à la carte
Küche: Traditionell französisch
Haltestelle: Saint-Germain-des-Prés
Stadtplan: Nr. 4

WELT-Tipp: Eine Reservierung ist unbedingt zu empfehlen. Am besten sind die Plätze im Erdgeschoss.

Schon seit dem Jahr 1880 wird in dieser weltberühmten Brasserie elsässische Küche serviert. Hier gibt es Deftiges in anständigen Portionen. Spezialitäten wie Sauerkraut, Bismarckhering oder gefüllte Schweinsfüße spült man mit Bier oder Riesling hinunter. Die Gaststätte ist seit jeher auch Treffpunkt der Stars aus Politik, Kultur und Gesellschaft: Hemingway und Genet, Simone Signoret und Yves Montand, Pompidou und Mitterrand kehrten regelmäßig ein. Allein schon die Belle-Époque-Architektur mit Keramikfliesen, Holzvertäfelungen und Deckenmalereien lohnen einen Besuch. Eine Besonderheit ist der von den Besitzern des Lipp seit 1935 vergebene Literaturpreis – ein Trostpreis für jene Literaten, die noch nie ausgezeichnet wurden.

Le Buddha Bar

8, rue Boissy d'Anglas
75008 Paris
8. Arrondissement
Telefon: +33 / 153 05 90 00
www.buddhabar.com

Öffnungszeiten: täglich ab 16.00 Uhr; Reservierung wird empfohlen
Preise: Mittagskarte 32 € bis 35 €, Abendkarte 70 € bis 80 €
Küche: International
Metrostation: Concorde
Stadtplan: Nr. 5

Buddha Bars gibt es auch in New York, Beirut und Dubai: Gedämpftes Licht, Mahagoni-Mobiliar, Khmer-Statuetten und schwere fernöstliche Stoffe in Rot- und Goldtönen gehören zum Designkonzept. Die opulent-kitschige Ausstattung der Gourmettempel ist umwerfend. Man speist, in sanftes Bernsteinlicht getaucht, zu Füßen einer gigantischen Buddha-Figur und lauscht Ghazal-New-Age-Sitar-Klängen. Diese hauseigenen Kompilationen – sehr Zen, jedoch einige Dezibel lauter als wirklich erwünscht – sind auch im Handel erhältlich. Die Speisekarte bietet knusprige Ente, Sushi und viele andere traditionelle asiatische Spezialitäten, aber auch Ungewohntes wie das köstlich-pikante Thunfisch-Tatar.

Café de l'Homme

17, place du Trocadéro
75016 Paris
16. Arrondissement
Telefon: +33 / 144 05 30 15
www.lecafedelhomme.com

Öffnungszeiten: täglich 12.00 bis 2.00 Uhr
Preise: A la carte 24 € bis 55 €, Menu 25 € und 30 €
Küche: Modern und traditionell
Metrostation: Trocadéro
Stadtplan: Nr. 6

Die wunderschöne Terrasse des Café de l'Homme, Restaurant des gleichnamigen Museums im Palais de Chaillot, bietet einen atemberaubenden Ausblick auf den Eiffelturm, den Invalidendom und die Seine. Das Interieur beeindruckt mit hohen Räumen und Kolonnaden im Stil des Bauhaus und Art déco. Das Restaurant lockt mit einem kulinarischen Angebot, das die Raffinesse der traditionellen französischen Küche mit Rezepturen aus fernen Regionen vereint. Außerhalb der Essenszeiten fungiert das Lokal auch als Bar und Teesalon. „Tout Paris", eine Mischung aus Politik, Sport und Showbusiness, trifft sich hier gern und oft. Da macht es sich gut, dass die Chefin des Hauses einen Ur-Urgroßvater namens Gustave Eiffel vorweisen kann.

Chartier

7, rue du Faubourg-Montmartre
75009 Paris
9. Arrondissement
Telefon: +33 / 147 70 86 29
www.restaurant-chartier.com

Öffnungszeiten: täglich 11.30 bis 15.00 und 18.00 bis 22.00 Uhr; Reservierungen unter bouillon.chartier@wanadoo.fr
Preise: Karte ab 8,50 €
Küche: Traditionell französisch
Metrostation: Grands Boulevards
Stadtplan: Nr. 9

Wenn ruppige Kellner und lieblos angerichtete Küche nach Großmutters Art zum Charme des alten Paris beitragen, verdient das unter Denkmalschutz stehende Chartier in diesen Disziplinen eine Goldmedaille. Das traditionsreiche Etablissement im 9. Arrondissement lässt sich am ehesten mit einer Kantine vergleichen. Hier durften einst Künstler umsonst speisen, wenn sie die Fassade verschönerten. Heute wird den Touristen an langen Tischen einfache Kost zu gemäßigten Preisen serviert. Nichts für Leute, die unter sich bleiben wollen. Im „Grand Bouillon", so hieß die Arbeiterkneipe bei ihrer Eröffnung 1896, hat man nie Umstände gemacht und tut es auch heute nicht. Die Schar der Speisenden ist international, und so kann man im Chartier auch noch andere Länder und Sitten kennenlernen.

Chez Georges

Centre Georges Pompidou
19, rue Beaubourg
6. Stock
75004 Paris
4. Arrondissement
Telefon: +33 / 144 78 47 99
www.centrepompidou.fr

Öffnungszeiten: täglich außer Di
Preise: 40 € bis 100 € à la carte
Küche: Modern
Metrostation: Rambuteau, Châtelet - Les Halles
Stadtplan: Nr. 10

Das futuristisch anmutende Restaurant in der sechsten Etage des Centre Pompidou verdankt seinen Namen dem ehemaligen französischen Staatspräsidenten Georges Pompidou. Er initiierte den Bau des Kulturzentrums, dessen Gestalt an eine Ölraffinerie denken lässt. Im Chez Georges werden Traditionsgerichte wie Cassoulet oder Kalbsbries serviert. Aber die Gäste reservieren nicht nur der Küchenklassiker wegen. Freundliche Kellner und Kellnerinnen bedienen mit tadelloser Gastfreundschaft. Und wer einmal auf der Terrasse Platz genommen hat und den unvergesslichen Blick über die Dächer der Metropole genießt, möchte gar nicht mehr fort. Chez Georges schafft die ideale Verbindung von modernem Lebensraum und althergebrachter Qualität.

Market

15, avenue Matignon
75008 Paris
8. Arrondissement
Telefon: +33 / 156 43 40 90
www.jean-georges.com

Öffnungszeiten: täglich Mo–Fr 8.00 bis 15.00 und 19.00 bis 23.30 Uhr, ab 18.00 Uhr Cocktails, Sa+So 12.00 bis 18.00 Uhr Brunch; Reservierung wird empfohlen
Preise: Formule à la carte mit Getränk 34 €, 55 € bis 65 € und 75 € bis 95 €
Küche: Saisonale französische, italienische und asiatische Küche
Metrostation: Franklin D. Roosevelt
Stadtplan: Nr. 35

Vor zehn Jahren hätte sich das in Paris niemand träumen lassen: Ein Elsässer erobert die Welt mit seiner Kochkunst und eröffnet sein elftes Restaurant unweit der Champs-Elysées. Doch zuerst musste Jean-Georges Vongerichten sein Talent in New York, Hongkong, London und Las Vegas unter Beweis stellen. Er verbindet saisonale französische Rezepte mit Elementen aus der asiatischen, italienischen und kalifornischen Küche und zelebriert dabei *fusion cooking* auf höchstem Niveau. Die Speisekarte des Market überrascht etwa mit einer Gourmetpizza, belegt mit Fontina-Käse und schwarzen Trüffeln, einem Duett aus Krebs und Mango oder Gänsestopfleber an Quittenpüree. Auch die Getränkekarte ist exquisit und vielfältig.

SORTIE

Le Train Bleu

Place Louis-Armand
75012 Paris
12. Arrondissement
Telefon: +33 / 143 43 09 06
www.le-train-bleu.com

Öffnungszeiten: Bar täglich 7.30 bis 23.00 Uhr, an Wochenenden und Feiertagen 9.00 bis 23.00 Uhr, Restaurant täglich 11.30 bis 15.00 und 19.00 bis 23.00 Uhr; Reservierung wird empfohlen
Preise: Menü ab 46 €, Juniormenü 15 €
Küche: Traditionell französisch
Metrostation: Gare de Lyon
Stadtplan: Nr. 58

Das Bahnhofsrestaurant ist tot – es lebe Le Train Bleu! Petit Palais, Grand Palais, Pont Alexandre III. und Gare de Lyon sind in Paris die eindrucksvollsten architektonischen Zeugen des ausgehenden 19. Jahrhunderts. Auch das Belle-Époque-Restaurant im Gare de Lyon erinnert in prunkvoller Weise an diese bewegte Epoche. Die Gäste kommen in erster Linie wegen der Einrichtung: Stuck und Zierleisten in Gold, purpurrote Vorhänge, dunkle Holzvertäfelung und Wand- und Deckengemälde in leuchtenden Farben. Fast das ganze Dekor stammt aus der Zeit um 1900. Auch die Küche ist der bürgerlichen Tradition verhaftet und serviert klassisch-französische Gerichte – nicht gerade leicht, aber durchaus köstlich.

Nirvana Inde

6, rue de Moscou
75008 Paris
8. Arrondissement
Telefon: +33 / 101 45 22 27 12
www.bestrestaurantparis.com

Öffnungszeiten: Mo–Sa 12.00 bis 14.30 und 18.00 bis 23.30 Uhr, So geschlossen; Reservierung wird empfohlen
Preise: Menü 25 €
Küche: Indisch
Metrostation: Liège
Stadtplan: Nr. 47

Koriander und Ingwer, Kurkuma, Kardamom und Zimt – moderne französische Küchenchefs lassen sich gern von den verführerischen Gewürzen des indischen Subkontinents inspirieren. Auch das Restaurant in der Nähe der Place de Clichy, in das auch die Schauspieler der umliegenden Theater gern einkehren, pflegt die unverfälschte, traditionelle Küche Indiens und Pakistans. In eleganter Atmosphäre servieren aufmerksame Kellner südasiatische Köstlichkeiten, insbesondere aus der Küche des Pandschabs. Die Currygerichte sind nicht übermäßig scharf. Vielmehr werden mithilfe subtiler Kräuter- und Gewürzmischungen ausgewogene Geschmacksharmonien geschaffen. Auch die Weinkarte ist perfekt an die Aromen der östlichen Küche angepasst.

Einkaufen

Haute Couture oder Flohmarkt? An kaum einem Ort der Welt findet man ein so vielfältiges Angebot an Mode, Accessoires, eleganten Einrichtungsgegenständen, Kosmetika und Düften wie in der französischen Hauptstadt. Und für jeden Geldbeutel ist etwas dabei. Es muss ja nicht immer Jean-Paul Gaultier oder Karl Lagerfeld sein. Auch die Warenhäuser in Paris bieten echten Luxus, und wer ausgefallene Mode liebt, durchstöbert die Boutiquen im Marais. Wer nicht unbedingt im neuesten Pariser Outfit aus dem Flieger steigen muss, kann auch exklusive Stoffe auswählen und nach der Reise beim Schneider im Stil von Yves Saint Laurent verarbeiten lassen. Eine hervorragende Auswahl gibt es in den zahlreichen Stoffboutiquen am Montmartre oder bei Madame Coupons im 17. Arrondissement. Doch es muss ja nicht unbedingt Mode sein: In den Ateliers in Belleville im 19. Arrondissement ersteht man mit etwas Glück das Werk eines aufstrebenden Nachwuchskünstlers, der vielleicht morgen schon zu den Stars der Szene gehört.

Linke Seite: Palais-Royal
Rechte Seite: links Palais-Royal, rechts Bouquinisten am Ufer der Seine

Serge Lutens im Jardin du Palais-Royal

Les Salons du Palais-Royal Shiseido
Jardins du Palais-Royal
142, galerie de Valois –
25, rue de Valois
75001 Paris
1. Arrondissement
Telefon: +33 / 149 27 09 09
www.salons-shiseido.com

Öffnungszeiten: Mo–Sa 10.00 bis 19.00 Uhr
Produkte: Hauptsächlich Parfums von Serge Lutens (Shiseido Kosmetik)
Metrostation: Palais-Royal
Stadtplan: Nr. 56

Man weiß sehr wenig über ihn, und was man erfährt, klingt ziemlich mystisch. Er bezeichnet sich als Zeitreisenden und Architekten, der nicht mit Marmor, Stein und Eisen arbeitet, sondern mit dem Stoff, aus dem die Träume sind. Die Karriere von Serge Lutens begann 1963 als Fotograf bei der Vogue. Wenige Jahre später wechselte er zu Dior, um für das Modehaus eine Make-up-Linie zu schaffen und das Image des Hauses aufzupolieren. Heute wirkt er als Parfümeur, kreierte die Marke Shiseido und das dazugehörige Image. Er verzauberte auch die Geschäftsräume von Shiseido im Jardin du Palais-Royal: Das Dekor – gleich einer Sternennacht – zeigt, wie sehr die Verpackung den Inhalt aufwertet. Lutens modernisiert unentwegt die Parfumbranche, holt mit Féminité du Bois, Sandelholz und Ambra herbe Düfte zurück in die Welt der Weiblichkeit und lanciert nun auch seine eigene Marke.

Printemps Boulevard Haussmann

64, boulevard Haussmann
75009 Paris
9. Arrondissement
Telefon: +33 / 142 82 57 87
www.printemps.com/international

Öffnungszeiten: Mo–Sa 9.35 bis 19.00, Do 9.35 bis 22.00 Uhr
Produkte: Edle Designer- und Trendmode, Lingerie, Parfums, Coiffeur, Schönheitssalon
Metrostation: Havre - Caumartin
Stadtplan: Nr. 52

Zweimal fiel das 1865 begründete, traditionsreiche Warenhaus den Flammen zum Opfer, und jedes Mal entstand ein neuer Palast, schöner als zuvor. Nach dem Brand von 1921 wurde das Gebäude mit einer grandiosen Kuppel versehen, ganz im Stil der benachbarten vornehmen Pariser Oper. Dieses Symbol des Luxustempels steht heute unter Denkmalschutz. Doch in Sachen Marketing stand die Zeit auch im Printemps nicht still. Schon Ende der 20er-Jahre, als immer weniger Männer sich einen Besuch beim Schneider leisten konnten, schuf das Warenhaus die nach dem englischen Dandy benannte Marke Brummell. Seither wird ständig renoviert und Neues erfunden.

PRINTEM
RAFFINES
oulards • sacs

Galeries Lafayette

40, boulevard Haussmann
75009 Paris
9. Arrondissement
Telefon: +33 / 142 82 34 56
www.galerieslafayette.com

Öffnungszeiten: Mo–Mi, Fr+Sa 9.30 bis 19.30, Do 9.30 bis 21.00 Uhr
Produkte: Alles, vom preiswertenT-Shirt bis zur exklusiven Designermode, Kindermode, Spielwaren, Parfums
Metrostation: Chaussée d'Antin - La Fayette
Stadtplan: Nr. 21

WELT-Tipp: Inneneinrichtungsgegenstände gibt es im Lafayette Maison gegenüber, Herrenmode nebenan im Lafayette Homme.

Es war einmal im Jahr 1883 ein kleines Kurzwarengeschäft in der Rue La Fayette in Paris. Da führten die Elsässer Cousins Théophile Bader und Alphonse Kahn allerlei Neuheiten ein, an denen die holde Weiblichkeit die reine Freude hatte. Ein Luxusbasar entstand, der bei Damen aller Gesellschaftsschichten gleichermaßen gut ankam. Seither sind die Galeries Lafayette der Inbegriff des Pariser Chics, der aktuellsten Modetrends überhaupt. Für Junge und Junggebliebene mit gut gefülltem Portemonnaie wurde auf 4000 m² der Konsumtempel Lafayette VO geschaffen. Der einzige Knick in der Erfolgsgeschichte: Bader und Kahn versuchten ab den 20er-Jahren des 20. Jahrhunderts vergeblich, andere Länder zu erobern. Das gelang erst 80 Jahre später in Berlin.

LE BOURGET

Florence Finkelsztajn

24, rue des Ecouffes,
Ecke 19, rue des Rosiers
75004 Paris
4. Arrondissement
Telefon: +33 / 148 87 92 85
www.florencefinkelsztajn.free.fr

Öffnungszeiten: Sept–Juni täglich außer Mi 10.00 bis 19.00 Uhr, Juli+Aug täglich Mi–So 10.00 bis 19.00 Uhr
Produkte: Spezialisiert auf jiddische, bzw. russische und polnische Backwaren
Metrostation: St-Paul, Hôtel de Ville
Stadtplan: Nr. 19

WELT-Tipp: Auch in der jüdischen Bäckerei „La Boutique Jaune" (27, rue des Rosiers) gibt es hausgemachte Pirojkis und Pletzel, Borek und Mohnstrudel.

Während der Mittagsrast auf der Place des Vosges stärkt man sich am besten mit den köstlichen Sandwichs, die die jiddischen Bäckereien an der Ecke der Rue des Ecouffes zur Rue des Rosiers anbieten. Bei Florence Finkelsztajn, die das Feinkostgeschäft mit Bäckerei und Konditorei hinter einer Mosaikfassade aus den 30er-Jahren betreibt, wird jiddische Küche zelebriert: Pikelfleish, Gehakte Fish, Schmaltzherring – oder für jene, die es süß und süßer mögen – Mohnbeugel und Honiglekeh. So manches Mal wartet eine Menschenschlange vor der Bäckerei.

MATZOS
BOULANGERIE

Librairie Florence Loewy

9, rue de Thorigny
75003 Paris
3. Arrondissement
Telefon: +33 / 144 78 98 45
www.florenceloewy.com

Öffnungszeiten: Di–Sa 14.00 bis 19.00 Uhr
Produkte: Spezialisiert auf Kunstbücher
Metrostation: St-Paul, St-Sébastien - Froissart, Chemin Vert
Stadtplan: Nr. 32

Bibliophile wissen oft wenig über Gegenwartskunst, während Kunstsammler gerne ignorieren, was sich in der Literaturszene tut. Florence Loewys Bücher-Boutique im Marais will deshalb mehr Galerie und weniger Buchhandlung sein. Hier kauft man nicht Bücher über Kunst, sondern von Künstlern gestaltete Bücher, manchmal auch Bücher, die nicht lesbar, sondern nur interpretierbar sind. Die Bücher der Künstler, mit denen Florence Loewy seit 2001 zusammen arbeitet, sind kleine Kunstwerke. Hier kann man für ein einmaliges Markenemblem drei Euro ausgeben, aber auch 50 000 Euro für ein Museumsstück. Die internationale Kunstszene ist von dem Konzept hellauf begeistert. Ein designbewusstes Publikum wird zudem seine Freude an dem extravaganten Innenausbau des Ladens haben.

THE
NAM

Le Bon Marché Rive Gauche

24, rue de Sèvres
75007 Paris
7. Arrondissement
Telefon: +33 / 144 39 80 00
www.lebonmarche.fr

Öffnungszeiten: Mo–Mi, Fr 9.30 bis 19.00, Do 10.00 bis 21.00, Sa 9.30 bis 20.00 Uhr
Produkte: Mode, Parfums, Möbel, exklusive Haushaltsartikel, Delikatessen
Metrostation: Sèvres - Babylone
Stadtplan: Nr. 3

„Preiswert" ist in diesem Geschäft am linken Seine-Ufer nichts. Der Name ist ein Überbleibsel aus Gründerzeiten, als der geniale Besitzer Aristide Boucicaut mit Slogans wie „Hier wird alles zurückgenommen, was nicht mehr gefällt!" und „Auf allen Etiketten steht der Preis!" um Kunden warb. Diese „Kathedrale des Handels für ein Volk von Kunden" inspirierte Emile Zola zu seinem Roman „Das Paradies der Damen". Heute ist das Warenhaus ein Luxustempel des Konsums, wo Qualität noch großgeschrieben wird und Service kein leeres Wort ist. In der gegenüberliegenden Grande Epicerie ist nur das Beste gut genug. Gemüse und Obst sind erntefrisch. Es gibt eine große Vielfalt an Gewürzen, internationale Spezialitäten wie Feinkost aus Japan und erlesene Weine. Allein ein Blick auf die Auslagen ist schon ein Erlebnis.

M A R N

Colette

213, rue Saint-Honoré
75001 Paris
1. Arrondissement
Telefon: +33 /155 35 33 90
www.colette.fr

Öffnungszeiten: Mo–Sa 11.00 bis 19.00 Uhr
Produkte: Exklusive Mode, Parfums, Bücher; Galerie, Water-bar
Metrostation: Tuileries, Pyramides
Stadtplan: Nr. 15

WELT-Tipp: In der „Water-bar" im Untergeschoss werden mehr als 100 Sorten Mineralwasser aus aller Welt ausgeschenkt, darunter Gletscherwasser aus Island und Vulkanquellwasser aus Neuseeland.

Das nach der berühmten Schriftstellerin benannte Geschäft in der Rue Saint-Honoré erhebt den Anspruch, Shopping neu zu definieren. Statt des Namens ziert ein Pin-up-Graffiti in Rosa und Violett die Fassade. Feigenduft liegt in der Luft, und das Auge trifft auf ein Sammelsurium an Büchern, Accessoires und verrückten Dingen. Die Musik ist sinnlich-zart und die Mode extravagant. In der zugehörigen „Water-bar" wird das Essen zur Nebensache. Das Geschäftskonzept ist simpel, aber kommt gut an: Man will überraschen und allen schöpferischen Ausdrucksformen eine Plattform verschaffen. Die Galerie gibt unbekannten und vergessenen Künstlern eine (zweite) Chance und holt junge Designer an die Seite der Stars. Man kauft nicht nur in Paris ein, sondern präsentiert auch, was in London und New York geschaffen wurde.

Côté Bastide

4, rue de Poissy
75005 Paris
5. Arrondissement
Telefon: +33 / 156 24 01 21

Öffnungszeiten: Mo–Sa 10.30 bis 19.00 Uhr, Mo+Mi 13.00 bis 14.00 Uhr geschlossen
Produkte: Provenzalische Inneneinrichtung, Stoffe, Geschirr und alles rund ums Badezimmer
Metrostation: Maubert - Mutualité, Cardinal Lemoine
Stadtplan: Nr. 16

Wer *bastide* hört, meint die Sonne des Südens zu spüren, sieht ockerfarbene Erde, Lavendelfelder und alte Bauerngüter vor sich. Nun hat also auch Paris in der Rue de Poissy seine Boutique mit den Produkten, die in der ganzen Welt Furore machen. Die Provence breitet sich auf langen Holztischen aus: Alles für den Haushalt und Modisches für die Dame. Doch nicht etwa die *indiennes*, die farbenfrohen provenzalischen Baumwollstoffe, denen man auf allen Märkten des französischen Südens begegnet, werden hier angeboten. Nein, es herrscht verhaltene Eleganz in Weiß und zarten Crèmetönen, in Rosa und Lavendel. Daneben gibt es kostbare Essenzen, edle Tisch- und Bettwäsche, traditionelle Glaswaren und Porzellan – ein wenig Marcel Pagnol mitten in Paris.

Marché aux Fleurs

Ile de la Cité
75004 Paris
4. Arrondissement
www.insecula.com

Öffnungszeiten: täglich 8.00 bis 19.00 Uhr
Produkte: An Wochentagen nur Blumen, sonntags auch Vogelmarkt
Metrostation: Cité
Stadtplan: Nr. 34

Schon Jacques Prévert, der Poet des Pariser Alltags, ließ die Erinnerung an den Blumenmarkt auf der Ile de la Cité in seinen Gedichten hochleben. Mitten im Herzen der Stadt, unweit von Notre-Dame im ältesten Teil der Metropole, befindet sich der größte Blumenmarkt von Paris, der letzte seiner Art. Seit mehr als 100 Jahren holen sich hier die Hausfrauen ihre Blumen, im Sommer wie im Winter. Inzwischen kann man auch windgeschützt an der Place Louis-Lépine flanieren und Boutiquen besuchen, die exotische Gewächse und fleischfressende Pflanzen anbieten. Am Sonntag wird der Blumen- vom Vogelmarkt, dem Marché aux Oiseaux, abgelöst. Da zwitschert es dann in hunderten von Käfigen.

Viaduc des Arts

1–129, avenue Daumesnil
75012 Paris
12. Arrondissement
www.viaduc-des-arts.com

Öffnungszeiten: Mo–Sa 10.00 bis 19.00 Uhr
Produkte: In 50 Ateliers wird Kunsthandwerk verschiedenster Art vorgestellt und angeboten
Metrostation: Bastille
Stadtplan: Nr. 59

Der 1859 gebaute Viadukt der Eisenbahnlinie zwischen der Bastille und Vincennes hat neue Mieter bekommen: Heute arbeiten hier Kunsthandwerker. Sie restaurieren Antiquitäten, zimmern Möbel, töpfern Geschirr und verarbeiten kostbare Stoffe. Jede Werkstatt beherbergt ein Talent, gibt einem Kunsthandwerker die Möglichkeit, sich in der Großstadt zu entfalten. Unter den Arkaden lässt es sich gut arbeiten, und der Kontakt mit umweltbewussten Kunden ist schnell hergestellt. Denn über den Ateliers verläuft nicht mehr die Eisenbahnlinie, sondern die *promenade plantée*, ein Spazier- und Radelweg von der Bastille-Oper zum Bois de Vincennes. Die Atelieranlage, die auch Drehort für den Film „Before Sunset" war, ist ein kleiner Beitrag zu einer menschlichen Stadtplanung.

Puces de Saint-Ouen-Clignancourt

Porte de Clignancourt
Rue des Entrepots
75018 Paris
18. Arrondissement
www.paris-infoservice.de

Öffnungszeiten: Sa–Mo 7.00 bis 19.00 Uhr
Produkte: Flohmarkt
Metrostation: Porte de Clignancourt
Stadtplan: Nr. 53

Der berühmte Flohmarkt von Saint-Ouen-Clignancourt im Nordosten der Stadt existiert seit 1885. Er erstreckt sich über 6 ha und setzt sich aus 15 verschiedenen Märkten zusammen – insgesamt eine Ansammlung von 2500 Boutiquen, Trödel- und Antiquitätenläden, durch die sich unentwegt die Touristenströme zwängen. Schrotthändler und Lumpensammler sucht man hier heute allerdings vergebens. Die meisten Händler haben sich auf hochwertiges Kunsthandwerk und Antiquitäten spezialisiert. Man findet aber auch reichlich Secondhand-Kleidung, und nicht zuletzt bieten unzählige Schwarzhändler Kopien von Markenartikeln wie Jeans und Schweizer Uhren zu Schleuderpreisen an. Nichts davon ist echt! Da besucht man besser eine der über den Markt verteilten Gaststätten, in denen noch echte Trödleratmosphäre herrscht.

Marie

Hotels

Ernest Hemingway stieg im Hôtel d'Angleterre ab, wenn er nicht in der Villa des Artistes gastierte. Jean Cocteau wohnte lange im ehemaligen Hôtel Beaujolais, wo auch Stefan Zweig nächtigte. Salvador Dalí war nicht so genügsam: Für ihn gab es nur das Hôtel Meurice. Heute können die Schönen, Berühmten oder Reichen dieser Welt unter so vielen Luxuspalästen und Design-Herbergen wählen, dass die Wahl wirklich zur Qual wird. Aber auch im mittleren und unteren Preissegment ist das Angebot riesig. Eine interessante Alternative zur Einkehr in einem Hotel bietet die Übernachtung im Gästezimmer bei Privatleuten. Mit etwas Glück kann man dabei einen Einblick in den Pariser Alltag gewinnen und nette Bekanntschaften schließen. Wer das Besondere sucht, sollte ein Wochenende auf einer *péniche* auf der Seine vor der Ile St-Louis buchen, wo ihn die Wellen sanft in den Schlaf wiegen (www.paris-yacht.com). Und die Einrichtung der ehemaligen Lastkähne hält durchaus dem Vergleich mit einem Design-Hotel stand. Urlaub auf dem Boot im Zentrum der Weltstadt. Auch das gibt es in Paris.

Linke Seite: Sezz
Rechte Seite: links Pershing Hall, rechts Hôtel Le A

Le Meurice

228, rue de Rivoli
75001 Paris
1. Arrondissement
Telefon: +33 / 144 58 10 10
Fax: +33 / 144 58 10 15
www.meuricehotel.com

Preise: EZ ab 610 €, DZ ab 725 €
Ausstattung: Konferenzräume, Wellnessbereich
Serviceangebot: Büfetts und Bankette
Metrostation: Tuileries
Stadtplan: Nr. 36

WELT-Tipp: Gönnen Sie sich einen Afternoon Tea im Wintergarten, auch wenn Sie kein Hotelgast sind. Hier ist Paris besonders hip und angesagt.

Der Palast mit Blick auf die Tuilerien ist das englischste aller Pariser Luxushotels und befindet sich heute im Besitz des Sultans von Brunei. Französisch ist hier nur das Personal. In der Lobby trifft man gelegentlich auf Stars aus der Modewelt. Picasso heiratete im Pompadour-Salon des Hotels und Dali bestellte sich eine Schafherde aufs Zimmer. Wer Rang und Namen hat, dem wird im Meurice kein Wunsch abgeschlagen. Aber auch gewöhnliche Sterbliche mit entsprechend großem Budget sind willkommen. Man kann im romantischen Wintergarten entspannen, in trendbewussten Boutiquen stöbern oder sich im Wellnesszentrum mit Traubenkernbehandlungen verjüngen lassen. Auf der Terrasse der spektakulären, 210 m² großen Belle-Etoile-Suite liegt dem Gast ganz Paris zu Füßen.

Murano Resort

13, boulevard du Temple
75003 Paris
3. Arrondissement
Telefon: +33 / 142 71 20 00
Fax: +33 / 142 71 21 01
www.muranoresort.com

Preise: EZ und DZ ab 350 €, Suite ab 750 €, Frühstück 20 bis 35 €
Ausstattung: Wellnessbereich, Parkplatz
Metrostation: Filles du Calvaire
Stadtplan: Nr. 38

Das Haus liegt am Rande des Marais, ganz in der Nähe des Picasso-Museums und der Bastille-Oper. Seine Fassade, die Klassizismus und Moderne auf perfekte Weise vereint, ist eine architektonische Besonderheit. Im Murano steigen bevorzugt Paare ab, die Erholung für Körper und Geist suchen. Das Dekor in verhaltenen Farben wirkt beruhigend, jedoch weisen erotische Accessoires in der Minibar darauf hin, dass man in den komfortablen Betten nicht nur schlafen kann. Im Spa schwitzt man und stählt seinen Körper, oder man lässt sich einfach verwöhnen. Einige Suiten sind sogar mit eigenem Swimmingpool ausgestattet.

Hôtel du Petit Moulin

29/31, rue de Poitou
75003 Paris
3. Arrondissement
Telefon: +33 / 142 74 10 10
Fax: +33 / 142 74 10 97
www.hoteldupetitmoulin.com

Preise: 180 € bis 350 €, Frühstück 15 €
Ausstattung: Privatparkplatz in Hotelnähe, WI-FI Internet, VIP Shopping-Paket
Serviceangebot: Zimmerservice und Massage
Metrostation: Saint-Sébastien - Froissart, Filles du Calvaire
Stadtplan: Nr. 28

Dass in dem Gebäude aus dem 17. Jahrhundert ursprünglich eine Bäckerei untergebracht war, lassen nur noch die Fassade und das Ladenschild, beide denkmalgeschützt, erkennen. Hinter der Metamorphose steckt Christian Lacroix, der sich nicht damit begnügt, Mode zu schöpfen, sondern neuerdings auch Hotels einrichtet. Victor Hugo soll in der Bäckerei jeden Morgen sein Brot gekauft haben – eine interessante Randnotiz, die man nach Überschreiten der Türschwelle allerdings ob der vielen Eindrücke wieder schnell vergisst. Die komfortablen Zimmer weisen Anleihen an unterschiedliche Epochen und Stilrichtungen auf – von Barock und Rokoko über die 60er-Jahre bis hin zum strengen Minimalismus. Das Haus wirkt so schillernd und facettenreich wie Christian Lacroix selbst.

Hôtel des Grandes Ecoles

75, rue du Cardinal-Lemoine
75005 Paris
5. Arrondissement
Telefon: +33 / 143 26 79 23
Fax: +33 / 143 25 28 15
www.hotel-grandes-ecoles.com

Preise: EZ ab 110 €, DZ ab 135 €
Serviceangebot: Zusätzliches Bett 20 €, Vierbettzimmer möglich, Parkplatz 30 €
Metrostation: Cardinal Lemoine, Place Monge, Jussieu
Stadtplan: Nr. 25

WELT-Tipp: Der Markt in der Rue Mouffetard ist berühmt für seine Spezialitäten – von Austern über Trüffel bis zu Rohmilchkäse.

In einer kleinen Seitenstraße des Quartier Latin blieb noch ein wenig vom alten Paris erhalten. Hinter einem unscheinbaren Einfahrtstor versteckt sich inmitten eines romantischen Gartens ein Landhaus mit altmodischem Charme und Komfort. Modernes Design hat hier noch keinen Einzug gehalten, und so kann man sich an Blümchentapeten aus vergangenen Zeiten erfreuen. In der benachbarten „Mouff", wie die Anwohner die Rue Mouffetard nennen, herrscht die laute Geselligkeit des Quartier Latin mit Straßenmarkt und vielen kleinen Bistros. Wer dem Trubel entfliehen und sich von den Anstrengungen des Tages ausruhen möchte, lässt sich im weitläufigen Garten nieder und lauscht dem Gezwitscher der Vögel.

Hôtel Bel Ami

7–11, rue Saint-Benoît
75006 Paris
6. Arrondissement
Telefon: +33 / 142 61 53 53
Fax: +33 / 149 27 09 33
www.hotel-bel-ami.com

Preise: Nebensaison ab 270 €, Hauptsaison ab 310 €, Junior Suite ab 490 €, Frühstücksbuffet 24 €
Ausstattung: Sauna, Fitnessraum und Wellnesscenter
Metrostation: Saint-Germain-des-Prés
Stadtplan: Nr. 23

Das Hotel ist in einer ehemaligen Druckerei aus dem 18. Jahrhundert untergebracht. Es liegt günstig am linken Seine-Ufer in Saint-Germain-des-Prés, umgeben von noblen Geschäften und ganz in der Nähe von Les Deux Magots und dem Café Flore, den berühmten Cafés, wo schon Hemingway sich zum Schreiben niederließ und Jean-Paul Sartre und Simone de Beauvoir sich häufig trafen. Das Haus vereint kühlen Minimalismus mit höchstem Komfort und Hightech-Ausstattung. Es verfügt über eine Lounge und Bar sowie ein Café, wo auch das Frühstück serviert wird. Ein Wellnessbereich mit Fitnessstudio und Massageraum fehlen ebenfalls nicht. Dank der zentralen Lage und des schicken Interieurs wird der Aufenthalt in einem der 115 Doppelzimmer und Junior Suiten des Bel Ami zu einem besonderen Erlebnis.

Hôtel Bourg Tibourg

19, rue du Bourg-Tibourg
75004 Paris
4. Arrondissement
Telefon: +33 / 142 78 47 39
Fax: +33 / 140 29 07 00
www.hotelbourgtibourg.com

Preise: EZ ab 160 €, DZ ab 220 €
Metrostation: Hôtel de Ville, Rambuteau
Stadtplan: Nr. 24

Das kleine Hotel mit nur 30 Zimmern liegt mitten im Marais mit seiner lebendigen Gay-Szene. Notre-Dame und das Centre Pompidou sind nur einen Katzensprung entfernt. Es bietet ausgesuchte Eleganz auf engem Raum und wirkt wie die Residenz eines Dandys aus Oscar Wildes Zeiten. Ein schmaler Treppenaufgang führt zu den oberen Stockwerken. Auch ein Lift ist vorhanden. Doch wer unter Platzangst leidet, meidet besser diesen „mit kaffeebraunem Samt ausstaffierten Hermès-Koffer", wie ein Gast den Aufzug einmal beschrieb. Das Haus ist ebenso pittoresk, seine Klientel ebenso extravagant wie das umliegende Viertel. Das Allerschönste im Bourg Tibourg ist zweifelsfrei der verträumte, von Camille Muller angelegte Garten – eine kleine Oase der Ruhe inmitten all des Trubels.

Hôtel Le A

4, rue d'Artois
75008 Paris
8. Arrondissement
Telefon: + 33 / 142 56 99 99
Fax: + 33 / 142 56 99 90
www.hotel-le-a-paris.com

Preise: EZ und DZ ab 345 €, Junior Suite ab 472 €, Appartement ab 620 € inkl. Frühstück; Internetbuchung möglich
Ausstattung: ADSL WI-FI Internet, DVD + CD-Player, Lounge Bar, Bibliothek
Serviceangebot: Teatime, Zimmerservice
Metrostation: Saint-Philippe-du-Roule
Stadtplan: Nr. 27

Das von Frédéric Méchiche ursprünglich als Stadthaus konzipierte Hotel liegt in einer ruhigen Straße zwischen den Champs-Elysées und den Luxusboutiquen der Rue Faubourg-Saint-Honoré. Es vereint auf ideale Weise die Gediegenheit des Alten mit moderner, nobler Ausstattung und ist zur Pilgerstätte für Designliebhaber geworden. Das Ambiente wird von dezenten Farben – Schwarz und Weiß, Grau und Grün – sowie von geometrischen Formen bestimmt. In der Lounge befindet sich eine umfangreiche Bibliothek mit Kunst- und Designbänden. Zur Bar steigt man unter das Glasdach aus dem 19. Jahrhundert empor. Alle 26 Zimmer und Suiten sind individuell gestaltet und bieten neben höchstem Komfort mit Satellitenfernsehen, drahtlosem Internetzugang, Klimaanlage und elektrischen Jalousien auch modernste Technik.

Sezz

6, avenue Frémiet
75016 Paris
16. Arrondissement
Telefon: +33 / 156 75 26 26
Fax: +33 / 156 75 26 16
mail@hotelsezz.com
www.hotelsezz.com

Preise: EZ ab 270 €, DZ ab 320 €, Suite ab 535 €
Ausstattung: Wellnessbereich, Konferenzraum, WI-FI Internet
Serviceangebot: Willkommensdrink
Metrostation: Passy
Stadtplan: Nr. 57

Das Haus gehört Shahé Kalaidjian, der zugleich Besitzer des Hotels „Le Pavillon" ist. Eine Rezeption sucht man vergebens. Stattdessen empfängt ein persönlicher „Assistent" oder eine „Assistentin" die Gäste in der eleganten Lobby, offeriert einen Willkommenstrunk und fragt nach den Wünschen. Das im ruhigen 16. Arrondissement gelegene Hotel mit 27 Zimmern und 14 Suiten besticht durch nobles Design und professionellen Service. Ein besonderer Luxus sind seine großzügigen Räumlichkeiten. So steht das Bett frei im Raum und die Wanne bietet genügend Platz für ein Bad zu zweit. Im Wellnessbereich, einige Stockwerke tiefer, laden Whirlpool, Dampfsauna und Massageraum zur Entspannung ein.

Le Dokhans

Sofitel Demeure Hotels
117, rue Lauriston
75116 Paris
16. Arrondissement
Telefon: +33 / 153 65 66 99
Fax: +33 / 153 65 66 88
www.dokhans-sofitel-paris.com

Preise: EZ ab 440 €, DZ ab 460 €, Suite 850 €
Ausstattung: Garage, WI-FI Internet, Jacuzzi
Metrostation: Trocadéro
Stadtplan: Nr. 17

Haussmannisation – Das Wort steht für die Modernisierung der Stadt im 19. Jahrhundert und die Zerstörung des mittelalterlichen Paris. Niemand hat dem Stadtbild so sehr seinen Stempel aufgedrückt wie Georges-Eugène Baron Haussmann. Das klassizistische Eckgebäude zwischen Trocadéro und Etoile, in dem das Le Dokhans untergebracht ist, ist typisch für diese ureigene Pariser Bauperiode. Die klassische Eleganz des Hotels und seiner 41 Zimmer und 4 Suiten entspricht ganz der Atmosphäre des vornehmen 16. Arrondissements. Stolz ist man auf die Champagnerbar, die als einzige der Stadt auch leichte Mahlzeiten serviert. Einmal pro Woche trifft sich hier, wer es sich leisten kann, um einen Dom Pérignon von 1990 mit dem Roederer Cristal des gleichen Jahrgangs zu vergleichen.

Kube

1–5, passage Ruelle
75018 Paris
18. Arrondissement
Telefon: +33 / 142 05 20 00
Fax: +33 / 142 05 21 01
www.kubehotel.com

Preise: EZ 250 €, DZ 300 €, DZ „KUBE" 400 €, Junior Suite 500 €, Suite 750 €
Ausstattung: Fitnessraum, Ice Kube-Bar Di 19.00 bis 20.00 und Mi–Sa 19.00 bis 2.00 Uhr mit Reservierung
Metrostation: La Chapelle
Stadtplan: Nr. 31

Das Haus im 18. Arrondissement ist ein Mekka für Design-Liebhaber. Hinter der klassischen Fassade erwartet den Gast ein außergewöhnliches Design, dessen Hauptelement der Kubus ist: hier gibt es Würfel, wohin man auch sieht. In einem gläsernen Würfel im Innenhof ist der Empfang untergebracht. Kubisch sind auch die 41 ungewöhnlich eingerichteten Zimmer: In manchen werden Bett und Bad durch eine diagonal verlaufende, freistehende Wand getrennt, es gibt fluoreszierende Hocker, Nachttische, die wie Eiswürfel aussehen, oder Gardinen aus synthetischem Pelz. In der „Ice Kube-Bar" wird bei minus fünf Grad Wodka serviert. Nicht kubisch sind einzig die Schalensessel in der Bar, in denen man, sich wiegend, seinen Cocktail schlürfen kann. Das Würfel-Design macht auch vor der Küche nicht halt. Mangels Speisesaal isst man sein Kube-Sandwich in der Bar, genießt pikant Gewürztes am Stiel und an der Suppenbar die Kube-Bouillon.

Was noch?

Diese unvergleichliche Metropole schlägt seit jeher den Besucher in ihren Bann. Wir glauben sie zu kennen, und doch versetzt sie uns mit ihren vielen Facetten immer wieder in Erstaunen. Paris, dazu gehören nicht nur Louvre, Eiffelturm und Montmartre, sondern auch der Canal Saint-Martin, das pulsierende Künstler- und Einwandererviertel Belleville, wo früher Edith Piaf und Maurice Chevalier wohnten und heute moderne Bars und Bistros dem verrufenen Viertel zu neuem Ansehen verhelfen, oder die Vorstädte mit ihrer multikulturellen Bevölkerung. In Paris kann man sich einfach treiben lassen, ein paar Mußestunden im Jardin du Luxembourg verbringen, durch den Bois de Boulogne radeln oder an der Seine flanieren. Wer mag, stürzt sich abends in die Partyszene und lauscht den neusten Beats. Paris liegt immer im Trend! Sehenswert sind oft die alltäglichen Dinge, abseits liegende Orte, vergessene Viertel. Paris entdecken heißt auch Paris wiederentdecken!

Linke Seite: Jardin du Luxembourg
Rechte Seite: links Jardin du Palais-Royal, rechts Parc André Citroën

Jardin du Palais-Royal

Place du Palais-Royal
Rue de Valois
75001 Paris
1. Arrondissement
Telefon: +33 / 147 03 92 16
www.paris.fr

Öffnungszeiten: täglich 7.30 bis 20.30 Uhr
Metrostation: Palais-Royal
Stadtplan: Nr. 30

WELT-Tipp: Die Gegend ist bekannt für ihre historischen Passagen, die Anfang des 19. Jahrhunderts entstanden. Besonders schön ist die Galerie Véro-Dodat mit dem herrlich altmodischen „Café de l'Epoque".

Während ihres Lebensabends hatte die Schriftstellerin Colette von ihrem Domizil in der Rue du Beaujolais aus einen herrlichen Blick auf den Garten des Palais-Royal, ebenso wie andere berühmte Bewohner des Viertels, Jean Cocteau und sein Lebensgefährte Jean Marais etwa oder Stefan Zweig. Colette saß noch im Schatten uralter Ulmen. Heute dienen beschnittene Linden in dieser 2 ha messenden nostalgischen Oase des Friedens als Schattenspender. Gleich nebenan, wo über 100 Jahre die berühmten Grands Magasins du Louvre und das Grand Hôtel du Louvre mit seinen 700 Zimmern im Dienst der vornehmen Gesellschaft standen, befindet sich heute der Louvre des Antiquaires. Dort stellen 250 Galerien Kunstschätze aus allen Epochen zur Schau – eine wahre Fundgrube für Betuchte.

Jardin du Luxembourg

Rue de Médicis, rue de Vaugirard
75006 Paris
6. Arrondissement
Telefon: +33 / 142 34 23 89
www.paris.fr

Öffnungszeiten: täglich 7.30 bis 21.45 Uhr (Sommer), 8.15 bis 16.45 Uhr (Winter)
Metrostation: Notre-Dame-des-Champs
Stadtplan: Nr. 29

Hier lustwandelte und intrigierte die französische Königin Maria de Medici, bevor ihr Sohn Ludwig XIII. sie auf Wunsch des Kardinals Richelieu ins Exil schickte. Der Park, heute zum größten Teil im Stil französischer Gartenarchitektur mit geradlinigen Wegen und geometrischen Rasenflächen und Rabatten angelegt, ist berühmt für seine zahlreichen Springbrunnen und Statuen, darunter eine Miniatur der New Yorker Freiheitsstatue. Durch seine Nähe zur Sorbonne und der Ecole des Mines ist er ein beliebter Treffpunkt für Studenten. Aber auch Kinder kommen auf ihre Kosten und erfreuen sich an Puppentheater, Abenteuerspielplatz, Modelsegelbooten auf dem großen Wasserbassin und an dem Karussell, das Rilke zu seinen bekannten Versen inspirierte. Daneben finden sich Freizeitmöglichkeiten wie Tennis und Basketball, Boule und Schach. Sogar das Jeu de Paume wird hier praktiziert, eine frühe französische Variante des Tennissports.

Parc André Citroën

Quai André-Citroën
Rue Balard
75015 Paris
15. Arrondissement
Telefon: +33 / 144 26 20 00
www.aeroparis.com
www.paris.fr

Öffnungszeiten: Park 9.00 bis 18.00 Uhr (Schließungszeiten variieren je nach Jahreszeit); Ballon schließt 30 Min. vor Parkschließung
Preise: Ballonfahrt (wetterabhängig) Mo–Fr Kinder von 3 bis 11 Jahre 5 €, Jugendliche 9 €, Erwachsene 10 €, Sa+So Kinder 6 €, Jugendliche 10 €, Erwachsene 12 €
Metrostation: Balard
Stadtplan: Nr. 50

Erstaunlich, was begabte Gartenarchitekten aus einer unansehnlichen Fabrikanlage machen können. In bester Lage an der Seine, zwischen Neubauwohnungen und Geschäftshäusern, ist auf dem ehemaligen Werksgelände von Citroën ein herrlicher Park entstanden. Gigantische Gewächshäuser, Wasserflächen und Wiesen, auf denen auch Gänseblümchen, Löwenzahn, Klee und wilde Veilchen wachsen dürfen, bestimmen das Bild im Jardin en mouvement. Der Garten, „der sich in Bewegung befindet", hat zu jeder Jahreszeit seinen besonderen Reiz, ebenso wie der Metamorphosengarten, dessen Aussehen sich mit den Jahreszeiten wandelt. Aus 150 m Höhe kann man das gesamte Areal überschauen. Ein riesiger Fesselballon, der mit einem Seil fest am Boden verankert ist, ermöglicht den Blick aus der Vogelperspektive – Paris einmal anders als vom Eiffelturm!

CinéAqua

2, avenue des Nations-Unies
75016 Paris
16. Arrondissement
Telefon: +33 / 140 69 23 23
ventes@cineaqua.fr
www.cineaqua.com

Öffnungszeiten: Mo–So 10.00 bis 20.00 Uhr
Eintrittspreis: Erwachsene 19,50 €, Jugendliche (13–17 Jahren) und Studenten 15,50 €, Kinder 12,50 €
Metrostation: Trocadéro
Stadtplan: Nr. 12

Tauchen Sie ein in diese faszinierende Unterwasserlandschaft mitten in Paris, wo Sie Haie beim Fressen beobachten, Karpfen und Störe streicheln können. Die Stadt investierte 45 Millionen Euro, um das alte Aquarium in eine audiovisuelle Erlebniswelt mit 43 Süß- und Salzwasserbecken, Videowänden und Kinos umzubauen. In vier Millionen Litern Wasser tummeln sich Tausende von Fischen und andere Wasserbewohner, während auf den Bildschirmen ulkige Trickfilme flimmern. Sogar Konzerte finden vor der spektakulären Kulisse statt. Anfangs verursachte ein Fischsterben massive Probleme, doch mittlerweile haben sich die Fische eingewöhnt. Und auch die Besucher lassen sich vom hohen Eintrittspreis nicht abschrecken. Haie füttern verboten!

Bois de Boulogne

Bois de Boulogne
75016 Paris
16. Arrondissement
www.paris.fr

Metrostation: Porte Maillot, Avenue Foch
Stadtplan: Nr. 2

WELT-Tipp: Im Jardin d'Acclimatation können sich kleine Paris-Besucher austoben – hier gibt es einen Mini-Zoo, ein Karussell, Minigolf und sogar einen Eselverleih.

Der „gute König" Dagobert jagte hier, Karl von Artois ließ 1775 in dem Wald in nur 64 Tagen ein Lustschlösschen erbauen und nannte es „La Bagatelle". Später diente das Dickicht Verbrechern, subversiven Elementen und Fahnenflüchtigen als Unterschlupf. Baron Haussmann, Präfekt und Stadtplaner unter Napoleon III., ließ das Jagdrevier der Könige in einen Park im englischen Stil umgestalten, der Mitte des 19. Jahrhunderts für die Bevölkerung geöffnet wurde. Heute ist der 860 ha große Stadtwald beliebt bei Spaziergängern und Radlern. An zwei malerischen Seen lässt man sich gern zum Picknick nieder; Restaurants laden zum stilvollen Mahl im Grünen ein. Auch Freunde des Pferdesports kommen hier auf ihre Kosten: Der Park beherbergt die beiden Rennbahnen Longchamps und Auteuil. Und im berühmten Stadion Roland Garros liefern sich internationale Tennisstars erbitterte Duelle.

Moulin Rouge

Montmartre
82, boulevard de Clichy
75018 Paris
18. Arrondissement
Telefon: +33 / 153 09 82 82
www.moulin-rouge.com

Preise: Vorstellung um 21.00 Uhr 99 €, um 23.00 Uhr 89 €, Abendessen um 19.00 Uhr gefolgt von der Vorstellung um 21.00 Uhr ab 145 € (Preise gültig ab 1. April 2007); Reservierung: Fax +33 / 142 23 02 00 und Internet
Metrostation: Blanche
Stadtplan: Nr. 37

Pigalle, Cancan, Moulin Rouge – dabei denkt man unwillkürlich an die Bilder von Toulouse-Lautrec, an Verruchtheit, Rotlichtviertel und Sündenmeile. Kein Kabarett der Welt erlangte die Berühmtheit des Moulin Rouge in Paris. So wundert es nicht, dass seine Geschichte immer wieder verfilmt wurde, zuletzt mit Nicole Kidman. Zeitweise war ein Aquarium, in dem sich nackte Schönheiten tummelten, die Attraktion des Hauses. Ein russischer Schriftsteller schrieb nach Hause: „Nackte Füße, Arme und Brüste fliegen mir aus einer blutroten Wolke durchsichtiger Kleider zu. Befrackte Spitzbärte und Zylinder tragende Hakennasen in weißen Westen stehen herum ...". Ebenso wie im Folies Bergères, dem ältesten Varietétheater der Stadt, bleiben Touristen hier heutzutage unter sich.

LA GOULUE
TOUS LES SOIRS
MOULIN ROUGE
les Mercredis
BAL MASQUÉ
La revue blanche
La Chaîne Simpson
L.B. SPOKE

Cimetière du Père Lachaise

16, rue du Repos
75020 Paris
20. Arrondissement
www.pere-lachaise.com

Öffnungszeiten: 16. März bis 5. Nov Mo–Fr 8.00 bis 17.30, Sa 8.30 bis 17.30 Uhr, 6. Nov bis 15. März Mo–Fr 8.00 bis 18.00, Sa 8.30 bis 18.00 Uhr, So und feiertags 9.00 bis 17.30 Uhr (18.00 Uhr)
Metrostation: Gambetta, Père Lachaise, Philippe Auguste
Stadtplan: Nr. 11

WELT-Tipp: Echte Gebeine gibt es in den Pariser Katakomben (2 bis, place Denfert-Rochereau) zu sehen. Nichts für schwache Gemüter und kleine Kinder!

Poesie, Nostalgie, Weltschmerz à la Werther – kein Friedhof auf der ganzen Welt ist schöner als der Père Lachaise! Ihren Namen verdankt die Totenstadt dem Beichtvater des Sonnenkönigs, dem Jesuitenpater François d'Aix de La Chaise. Als der Friedhof 1804 eröffnet wurde, lag er weit außerhalb des Stadtzentrums. Er war von dem Architekten Alexandre Théodore Brongniart als englischer Landschaftsgarten angelegt worden. Um ihn für die Pariser Bevölkerung attraktiver zu machen, wurden 1817 die sterblichen Überreste von Héloïse und Abelard, von Molière und La Fontaine hierhin umgebettet. Seither haben viele berühmte Persönlichkeiten auf dem parkartigen Gelände ihre letzte Ruhestätte gefunden, darunter Balzac, Chopin, Oscar Wilde, Modigliani, Marcel Proust, Sarah Bernhardt, Edith Piaf, Jim Morrison ... Ein Besuch von Père Lachaise stellt somit eine Reise durch die Pariser Kulturgeschichte des 19. und 20. Jahrhunderts dar.

Nützliche Tipps & Adressen

ANKUNFT IN PARIS

Per Flugzeug

Paris verfügt über zwei internationale Flughäfen in Stadtnähe. Information:
Tel. +33 / 39 50 (0,34 €/Min. in Frankreich)
www.aeroportsdeparis.fr

Paris Charles de Gaulle (CDG)
Ca. 25 km vom Zentrum entfernt im Norden von Paris. Ab Deutschland Linienflüge von Lufthansa und Air France, außerdem Flüge von Billigfluglinien.
Mit RER-Zügen Linie B ab Terminal 1 und 2 alle 10–15 Min. über Gare du Nord bis zur Station Châtelet-Les Halles im Stadtzentrum, Fahrzeit ca. 30 Min. Mit Roissybus ab Terminal 1, 2 und 3 alle 15–20 Min. bis zur Station Opéra, Fahrzeit ca. 45–60 Min. Mit dem Air France Busservice z. B. alle 12 Min. bis Arc de Triomphe, Fahrzeit 40 Min. (www.cars-airfrance.com). Taxifahrt in die Innenstadt ca. 50 € (19 bis 7 Uhr sowie am Wochenende ca. 15 % Aufschlag).

Paris Orly (ORY)
Ca. 16 km vom Zentrum entfernt im Süden von Paris. Ab Deutschland Flüge mit verschiedenen Billigfluglinien.
Mit RER-Linie Orlyval alle 4–7 Min. zur Station Antony und weiter mit RER-Linie B bis zur Station Châtelet-Les Halles im Stadtzentrum, Fahrzeit insgesamt ca. 35 Min. Mit Pendelbussen alle 15 Min. zur RER-Station Pont de Rungis und weiter mit RER-Linie C zum Gare d'Austerlitz, Fahrzeit insgesamt ca. 35 Min. Mit Orlybus alle 15–20 Min. zur RER-Station Denfert-Rochereau und weiter mit RER Linie B bis zur Station Châtelet-Les Halles im Stadtzentrum, Fahrzeit insgesamt ca. 40 Min. Mit dem Air France Busservice alle 15 Min. über Gare Montparnasse bis zur Station Invalides, Fahrzeit 60. Min. (www.cars-airfrance.com). Taxifahrt in die Innenstadt ca. 70 Min., ca. 35 € (19 bis 7 Uhr sowie am Wochenende ca. 15 % Aufschlag).

Per Bahn

Paris besitzt sechs **Kopfbahnhöfe**: Gare St-Lazare, Gare du Nord, Gare de l'Est, Gare de Lyon, Gare d'Austerlitz, Gare Montparnasse. Bahnreisende aus Deutschland kommen am **Gare de l'Est** oder **Gare du Nord** an, wo auch der Thalys ab Köln endet. In allen Bahnhöfen ist der direkte Umstieg in Metro und RER möglich.

Bahninformation
Deutsche Bahn, Tel. 118 61, www.bahn.de
SNCF, Tel. +33 / 836 35 35 35, www.sncf.fr
Thalys, www.thalys.com

Einreise- und Zollbestimmungen

Deutsche benötigen zur Einreise nach Frankreich einen gültigen Personalausweis. Für EU-Bürger bestehen praktisch keine Zollbegrenzungen. Pro Person ab 17 Jahren sind Waren für den privaten Bedarf zollfrei, u. a. 800 Zigaretten, 400 Zigarillos, 200 Zigarren, 1 kg Tabak, 10 l Spirituosen, 90 l Wein und 110 l Bier.

INFORMATION

Touristeninformation

Maison de la France
Zeppelinallee 37
60325 Frankfurt am Main
Tel. 09 00 / 157 00 25 (0,49 €/Min.)
Fax 09 00 / 159 90 61 (0,49 €/Min.)
info.de@franceguide.com
www.franceguide.com

Office du Tourisme de Paris
25, rue des Pyramides
75001 Paris
Tel. +33 / 892 68 30 00 (0,34 €/Min.)
www.parisinfo.com
Juni–Okt. tgl. 9 bis 19 Uhr, Nov.–Mai Mo–Sa 10 bis 19, So 11 bis 19 Uhr

Zweigstellen befinden sich u. a. im Gare du Nord, im Carrousel du Louvre, in Montmartre an der Place du Tertre.

Stadtmagazine

Jeden Mittwoch erscheinen die Wochenkalender **Pariscope** und **L'Officiel des Spectacles** mit Kino-, Theater- und Konzertprogrammen, Ausstellungsterminen und Öffnungszeiten. Auf Englisch informiert das Monatsmagazin **Time Out**. Bei der Restaurantsuche leistet **Time Out Eating & Drinking** gute Dienste.

Websites

Allgemein

www.parisinfo.com – Webauftritt der Pariser Touristeninformation (u. a. Dt.)
www.paris.fr – Offizielle Website der Stadt (Frz., Engl.)
www.parisinfo.de – Online-Reiseführer (Dt.)

Ausgehen

www.eatinparis.com – Online-Restaurantführer (Frz., Engl.)
www.parissi.com – Konzerte, Ausstellungen, Restaurants, Bars und Clubs (Frz.)
www.parisvoice.com – Szeneführer mit Redaktionstipps, Veranstaltungskalender (Engl.)
www.timeout.com/paris – Restaurants und Bars, Einkaufen, Nachtleben, Veranstaltungskalender (Engl.)

Kunst & Kultur

www.legeniedelabastille.net – Künstler und Galerien im Bastille-Viertel (Frz.)
www.monum.fr – Präsentation nationaler Baudenkmäler, u. a. Notre-Dame, Arc de Triomphe, Sainte-Chapelle, Panthéon (Frz., Engl.)
www.parisbalades.com – Virtuelle Spaziergänge durch Paris mit ausführlichen Informationen zu Stadtvierteln und Baudenkmälern (Frz.)
www.paris-pittoresque.com – Paris historisch mit alten Fotografien und Stichen (Frz.)
www.picturalissime.com – U. a. Überblick über die Pariser Museen mit entsprechenden Links (Frz., Engl.)
www.theatreonline.com – Schauspielführer (Frz.)

Sport & Freizeit

www.bercy.fr – Sportkalender sowie Öffnungszeiten der Eislaufbahn im Palais Omnisports Paris-Bercy (Frz.)
www.boisdevincennes.com – Freizeitaktivitäten im großen Pariser Stadtpark (Frz.)
www.disneylandparis.com – Homepage des Vergnügungsparks (u. a. Dt.)
www.pari-roller.com – Mit Inlinern durch Paris, Fr abends für Fortgeschrittene, So nachmittags für Anfänger (Frz., Engl., Dt.)
www.stadefrance.fr – Besucherinformation über das Stade de France und Sportkalender (Frz., Engl.)

Stadtplan

www.paris.citysam.de – Interaktiver Stadtplan

Unterkunft

www.all-paris-apartments.com – Gästezimmer in Paris (u. a. Dt.)
www.parishotels.com – Hotelsuche- und Onlinebuchung (Frz., Engl.)
www.paris-apts.com – Vermittlung von Apartments (u. a. Dt.)
www.rentapart.com – Vermittlung von Apartments (Frz., Engl.)

Veranstaltungskalender

www.sortiraparis.com – Veranstaltungskalender mit Buchungsservice und kommentierten Adressen (Frz.)

LITERATURTIPPS

Dan Brown

Sakrileg. Der Chefkurator des Louvre wird vor dem Gemälde der Mona Lisa ermordet aufgefunden. Weisen die verborgenen Symbole in den Werken Leonardo da Vincis die Spur zum Täter?

Ernest Hemingway
Paris – Ein Fest fürs Leben. Nach dem Ersten Weltkrieg kam Hemingway als Zeitungskorrespondent nach Paris. Seine Erinnerungen führen den Leser in das Paris der 20er-Jahre.

Lorraine Fouchet
Die Geheimnisse von Paris. Zwanzig Jahre nach dem Abitur verabreden sich vier Frauen zu einem Wiedersehen im Pariser Café Trèfle.

Victor Hugo
Der Glöckner von Notre-Dame. Die tragische Geschichte vom buckligen, einäugigen Quasimodo und der schönen Esmeralda spielt im mittelalterlichen Paris rund um die Kathedrale Notre-Dame. In einem eigenen Kapitel beschreibt Hugo „Paris aus der Vogelschau".

Gaston Leroux
Das Phantom der Oper. Schreckliche Dinge passieren in der Pariser Oper. Doch wer steckt dahinter? Leroux' unheimliche Liebesgeschichte war Vorlage zu Andrew Lloyds Webbers berühmten Musical.

Guy de Maupassant
Bel Ami. Getrieben von maßlosem Ehrgeiz und Selbstsucht erklimmt der Gelegenheitsjournalist Georges Duroy die Erfolgsleiter – ein brillantes Gemälde der korrupten Pariser Presse- und Finanzwelt am Ende des 19. Jahrhunderts.

Henry Miller
Stille Tage in Clichy. In seinem obszönen Werk beschwört Miller die wilde Ausgelassenheit und überschäumende Lebenslust des Paris der 30er-Jahre.

Daniel Pennac
Paradies der Ungeheuer / Wenn alte Damen schießen / Monsieur Malaussene / Sündenbock im Bücherdschungel (u. a.). Die Sippschaft Malaussene wohnt im Pariser Einwanderer-Stadtteil Belleville. Immer wieder wird Benjamin, der Älteste der Geschwister, in seltsame Verbrechen verwickelt. Als geborener Sündenbock ist er stets der Hauptverdächtige.

Raymond Queneau
Zazie in der Metro. Die frühreife und aufmüpfige Provinzgöre Zazie wird übers Wochenende zu ihrem Onkel Gabriel nach Paris geschickt.

Georges Simenon
Maigret ... In über 60 Kriminalromanen ermittelt der berühmte Pfeife rauchende Kommissar in der Seine-Stadt. Seine Untersuchungen führen ihn in das Paris der kleinen Leute und ins nächtliche Halbwelt-Milieu.

Andrea Weiss
Paris war eine Frau. Ein reich illustriertes Porträt der „Pariser Frauen des Rive Gauche", zu denen Künstlerinnen und Schriftstellerinnen wie Colette, Gertrude Stein oder Djuna Barnes zählten.

Emile Zola
Der Bauch von Paris. Nach seiner Flucht aus einer Sträflingskolonie findet Florent bei seinem Bruder Quenu und dessen Frau Lisa Unterschlupf – eine detaillierte Milieustudie aus dem alten Pariser Hallenviertel.
Das Paradies der Damen. Octave Mouret verführt die Frauen mit betörend schönen Stoffen und sinnlichen Dekorationen. Die schillernde Welt eines Pariser Modepalastes wird in Zolas Roman mit allen Facetten greifbar.

STADTBESICHTIGUNG

Stadtrundfahrten

Sightseeing Busse
Mehrere Veranstalter bieten kommentierte Stadtrundfahrten, thematische Sonderfahrten und Ausflüge an, Tourdauer von 1,5 Std. bis zu einem Tag, ab 17,50 €/Pers. Im Zentrum zirkulieren auf verschiedenen Routen alle 10–30 Min. offene Doppeldeckerbusse, Fahrtunterbrechung an allen Sehenswürdigkeiten möglich, Tagesticket 25 €/Pers., 2-Tagesticket 28 €/Pers.

Cityrama, 149, rue Saint-Honoré, Tel. +33 / 144 55 61 00, www.cityrama.com
Les Cars Rouges, 17, quai de Grenelle, Tel. +33 / 153 95 39 53, www.carsrouges.com
Paris l'OpenTour, 13, rue Auber, Tel. +33 / 142 66 56 56, www.paris-opentour.com
Paris Vision, 214, rue de Rivoli, Tel. +33 / 142 60 30 01, www.parisvision.com

Balabus
An Sommersonntagen lädt die städtische Buslinie Balabus zwischen Gare de Lyon und Grande Arche de la Défense zum Sightseeing ein. Fahrtunterbrechung möglich. April–Sept. So 13.30 bis 20.30 Uhr (ab Gare de Lyon), alle 15–30 Min., Fahrtdauer ca. 70 Min., www.ratp.fr.

Radtouren
Geführte Halb- und Ganztagestouren sowie Abendtouren mit dem Fahrrad organisieren regelmäßig:
Paris à Vélo c'est sympa, 22, rue Alphonse-Baudin, Tel. +33 / 148 87 60 01, www.parisvelosympa.com
Paris-Vélo, 2, rue du Fer à Moulin, Tel. +33 / 143 37 59 22, www.paris-velo-rent-a-bike.fr

Bootstouren

Seine-Fahrten
Viele der berühmten Pariser Sehenswürdigkeiten liegen am Ufer der Seine und lassen sich bequem vom Wasser aus bewundern. Neben einstündigen kommentierten Rundfahrten (Abfahrten alle 30–45 Min., ca. 9 €/Pers.) stehen u. a. auch Musik- und Dinnerfahrten auf dem Programm. Anlegestellen je nach Reederei am Eiffelturm (Pont d'léna), an der Pont de l'Alma und vor Notre-Dame.
Bateaux Parisiens, Tel. +33 / 825 01 01 01 (0,15 €/Min.), www.bateauxparisiens.com
Compagnie des Bateaux Mouches, Tel. +33 / 142 25 96 10, www.bateauxmouches.com
Vedettes de Paris, Tel. +33 / 144 18 19 50, www.vedettesdeparis.com

Batobus
www.batobus.com
Acht Haltestellen zwischen Eiffelturm und Jardin des Plantes steuern die Wasserbusse etwa im 30-Minuten-Takt an. Tagesticket 11 €/Pers., 2-Tagesticket 13 €/Pers., 5-Tagesticket 16 €.

Kanalfahrten
Weniger bekannt, aber nicht minder interessant ist eine Bootstour auf dem Canal Saint-Martin. Mit Canauxrama tgl. 9.45 und 14.30 Uhr ab dem Port de l'Arsenal zum Parc de la Villette oder umgekehrt, Dauer ca. 2,5 Std., 14 €/Pers. Kombinierte Seine-Kanal-Tour mit Paris Canal, Ende März–Mitte Nov. tgl. 9.30 Uhr ab Musée d'Orsay und 14.30 Uhr ab Parc de la Villette, Dauer knapp 3 Std., 16 €/Pers.
Canauxrama, Tel. +33 / 142 39 15 00, www.canauxrama.com
Paris Canal, Tel. +33 / 142 40 96 97, www.pariscanal.com

Stadtführungen

Paris Balades
www.parisbalades.com
Streifzüge durch Paris mit geprüften Fremdenführern. Die Website gibt einen Überblick über das Programm und die Veranstalter.

Aussichtspunkte

Der Blick auf die Dächer von Paris ist immer wieder faszinierend. Den Rekord hält nach wie vor der **Eiffelturm** mit einer Aussichtsplattform in 276 m Höhe. Fantastisch ist ebenfalls das Panorama auf der Dachterrasse des **Tour Maine-Montparnasse** in 209 m Höhe. Die Aussicht von der 110 m hohen **Grande Arche** ist eher enttäuschend, da das Stadtzentrum weit entfernt liegt. Aber so hoch muss man gar nicht hinauf: Die Aussichtspunkte von **Notre-Dame**, **Arc de Triomphe**, **Centre Pompidou**, **Panthéon**, **Institut du Monde Arabe** sowie den Kaufhäusern **Samaritaine** und **Printemps** bieten eine freie Sicht und sind dabei dem Häusermeer noch ganz nah. Beliebt ist auch der Blick von **Sacré-Cœur** auf dem Montmartre-Hügel. Eine atemberaubende Aussicht und Nervenkitzel verspricht ein Aufstieg in dem fest am Boden vertäuten **Ballon de Paris** im Parc André Citroën (www.aeroparis.com).

TICKETS & ERMÄSSIGUNGEN

Ticketbüros

FranceBillet
Tel. +33 / 892 69 21 92 (0,34 €/Min.)
http://otparis.francebillet.com
Telefon- und Online-Kartenservice.

Fnac
Bastille, 4, place de la Bastille, Mo–Sa 10 bis 20 Uhr
Champs-Elysées, 74, avenue des Champs-Elysées, Mo–Sa 10 bis 24, So 11 bis 24 Uhr
Forum des Halles, 1–7, rue Pierre-Lescot, Mo–Sa 10 bis 19.30 Uhr
Karten für jede Art von Veranstaltung.

Check Théâtre
33, rue le Peletier
Tel. +33 / 142 46 72 40
www.check-theatre.com
Telefonservice Mo–Sa 10–19 Uhr
Theater-, Oper- und Konzertkarten.

Kiosque Théâtre
Madeleine, 15, place de la Madeleine
Tour Montparnasse, Esplanade de la Tour Montparnasse
Di–Sa 12.30 bis 20, So bis 16 Uhr
Verkauf von Theater-, Opern- und Konzertkarten zum reduzierten Preis für Vorstellungen am selben Tag.

Ermäßigungen

Paris Museum Pass
Freier Eintritt ohne Wartezeiten in mehr als 60 Museen und Denkmäler in Paris und Region. Erhältlich im Office du Tourisme und den angeschlossenen Museen sowie vor Reiseantritt online unter www.parisinfo.com. 2-Tageskarte 30 €, 4-Tageskarte 45 €, 6-Tageskarte 60 €, www.parismuseumpass.fr.

Paris Visite
Freie Fahrt mit RER, Metro und Bus sowie ermäßigter Eintritt in eine Reihe von Sehenswürdigkeiten. Gültig für einen bis zu fünf Tage sowie für bis zu drei, fünf oder acht Tarifzonen, erhältlich in allen Metrostationen sowie vor Reiseantritt online unter www.parisinfo.com. Tageskarte 1–3 Zonen 8,50 €, www.ratp.fr.

UNTERWEGS IN PARIS

Öffentlicher Personennahverkehr

RATP – Transports en Île-de-France
Tel. +33 / 892 68 77 14 (0,34 €/Min.)
www.ratp.fr
Schnellstes und preiswertestes Verkehrsmittel in Paris ist die Metro. Auf 16 Linien verkehren die Züge zwischen 5.30 und 1 Uhr. Das Metronetz ist mit den fünf RER-Linien (A–E), die die Vororte und Flughäfen bedienen, verbunden. Metro und RER *(Réseau Express Régional)* werden durch ein dichtes Busliniennetz sowie Tramstrecken am Stadtrand ergänzt. 42 Nachtbuslinien *(noctilien)* gewährleisten die Beförderung rund um die Uhr. Das Verkehrsnetz ist in Tarifzonen eingeteilt, wobei für Fahrten im Stadtgebiet bzw. im gesamten Metronetz das violettfarbene Ticket für 1–2 Zonen gilt. In der Metro kann man mit einem Einzelfahrschein 2 Std. lang fahren und beliebig oft umsteigen, in Bussen gilt der Einzelfahrschein (vor Fahrtantritt entwerten!) nur für eine Fahrtstrecke ohne Umstieg. Tickets bis zum Fahrtende aufheben, teilweise benötigt man sie zum Öffnen der Ausgangssperren. Einzelfahrschein 1–2 Zonen 1,40 €, Zehnerticket *(carnet)* 10,90 €. Unbegrenztes Fahren erlauben der Tagesfahrschein *Mobilis*, 1–2 Zonen 5,50 € sowie *Paris Visite* (s. o.). Ticketverkauf in allen Metrostationen sowie ausgewiesenen Geschäften, Einzelfahrscheine auch beim Busfahrer.

Auf der Homepage von RATP stehen die Streckenpläne als Download oder zur interaktiven Nutzung zur Verfügung.

Taxi

Alpha Taxi, Tel. +33 / 145 85 85 85
Taxis Bleus, Tel. +33 / 819 70 10 10
Taxis G7, Tel. +33 / 147 39 47 39
Es gelten die Tarifstufen A (Mo–Sa 10 bis 17 Uhr innerhalb der Peripherie), B (Mo–Sa 17 bis 10, So 7 bis 24 Uhr innerhalb der Peripherie, tgl. 7 bis 19 Uhr Vororte inkl. Flughäfen) und C (alle übrigen Zeiten und Umland). Mindesttarif 5,20 €, Aufschlag für mehr als zwei Gepäckstücke sowie für Fahrten von und zum Bahnhof oder Flughafen.

VERANSTALTUNGEN

Festival d'Art Sacré
Ostern und Dez., Kirchenmusik und Orgelkonzerte in Pariser Kirchen (www.festivaldartsacre.new.fr).

Festival du Film des Femmes
Ende März, Internationales Frauenfilmfestival in der Maison des Arts de Créteil (www.filmsdefemmes.com).

Banlieues Bleues
Anfang März–Anfang April, Jazz- und Weltmusik-Festival in den Vorstädten am nordöstlichen Stadtrand (www.banlieuesbleues.org).

Paris Marathon
Mitte April (www.parismarathon.com).

Foire du Trône
April/Mai, riesiger Jahrmarkt im Bois de Vincennes (www.foiredutrone.com).

French Tennis Open
Ende Mai–Anfang Juni, internationale Tennismeisterschaften im Stadion Roland Garros (www.rolandgarros.org).

Fête de la Musique
21. Juni, Open-Air-Konzerte von Klassik über Jazz bis Rock und Worldmusic in Parks, auf Plätzen und Straßen (www.fetedelamusique.culture.fr).

Course de Garçons de Café
Ende Juni, Wettlauf der Kellner und Kellnerinnen in Berufskleidung und mit vollem Tablett. Start und Ziel der 8 km langen Strecke ist das Hôtel de Ville.

Fête Nationale
14. Juli, am Vorabend zum Nationalfeiertag öffentliche Bälle, Umzüge und Feuerwerksspektakel, am Tag selbst große Militärparade auf den Champs-Elysées (www.14-juillet.cityvox.com).

Paris, Quartier d'Été
Mitte Juli–Ende Aug., umfangreiches Kulturprogramm während der Sommerferien mit Musik, Zirkus, Tanz, Theater.

Tour de France
Ende Juli, Zieleinfahrt des berühmten Radrennens auf den Champs-Elysées (www.letour.fr).

Journées du Patrimoine
Mitte Sept., Tag der offenen Tür in historischen und öffentlichen Gebäuden (www.jp.culture.fr).

Festival d'Automne
Mitte Sept.–Mitte Dez., Musik-, Theater-, Tanz- und Filmfestival auf verschiedenen Pariser Bühnen (www.festival-automne.com).

Nuit Blanche
Anfang Okt., eine Nacht der Kulturveranstaltungen.

Nützliche Tipps & Adressen

WICHTIGE HINWEISE

Geld

Landeswährung: Euro (€)
Bank- und Kreditkarten: Mit der Maestro-Card oder gängigen Kreditkarten kann man an Geldautomaten Bargeld abheben und in vielen Hotels, Restaurants und Geschäften bezahlen.

Notfall

Polizei: Tel. 17
Ambulanz (SAMU): Tel. 15
Feuerwehr: Tel. 18
Botschaft: 13–15, avenue Franklin-Roosevelt, Tel : +33 / 153 83 45 00

Öffnungszeiten

Banken: Mo–Fr 9 bis 17 Uhr, manche schließen mittags von 12.30 bis 14 Uhr.
Geschäfte: In der Regel Mo–Sa 9 bis 19 Uhr. Supermärkte haben länger geöffnet. Kleinere Läden schließen während der Mittagszeit und am Montag. Bäcker und Metzger öffnen am Sonntagvormittag.
Museen: In der Regel 9/10 bis 17/18 Uhr, an einem Abend in der Woche bis 21/22 Uhr. Ruhetag meist Mo oder Di. Kleinere Einrichtungen schließen über Mittag.
Restaurants: Mittagessen ca. 12 bis 13.30 Uhr, Abendessen ca. 20 bis 22.30 Uhr.

Preisniveau

Paris zählt zu den teuersten Metropolen der Welt. Die Übernachtung im einfachen Hotel kostet für zwei Personen im Doppelzimmer (ohne Frühstück) ab 100 €. Für ein dreigängiges Menü am Mittag zahlt man ab 20 €, am Abend ab 30 €. Die Preise für einen Milchkaffee, einen Softdrink oder ein Bier liegen bei 4–5 €.

Rauchen

In öffentlichen Gebäuden, den Metrostationen und öffentlichen Verkehrsmitteln ist Rauchen verboten. Restaurants und Cafés müssen einen Nichtraucherbereich ausweisen.

Reisezeit

Paris hat das ganze Jahr Saison. Im Winter fallen die Temperaturen selten unter den Gefrierpunkt, im Januar und Februar regnet es allerdings häufig. Während der Hauptferienzeit im Juli und August geht es weniger hektisch zu, da viele Pariser die Stadt verlassen. Doch auch Restaurants nehmen im Hochsommer gerne ihren Jahresurlaub. Die schönsten Reisemonate sind Mai, Juni und September.

Sicherheit

Paris unterscheidet sich wenig von anderen europäischen Großstädten, es gelten die üblichen Vorsichtsmaßnahmen. Nachts sollte man abgelegene und schlecht beleuchtete Gegenden meiden. Taschendiebe haben vor allem im Gedrängel in der Metro, auf Bahnhöfen oder auf Flohmärkten leichtes Spiel.

Telefonieren

Vorwahl Paris: In Frankreich ist die Vorwahl Teil der zehnstelligen Teilnehmernummer und wird auch innerorts immer mitgewählt.
Deutschland – Paris: +33 + Teilnehmernummer ohne 0
Paris – Deutschland: +49 + Ortsvorwahl ohne 0 + Teilnehmernummer
Telefonauskunft: Tel. 12
Öffentliche Telefonzellen funktionieren mit Telefon- und Kreditkarten; Telefonkarten gibt es u. a. am Zeitungskiosk oder im Tabakladen.

Trinkgeld

Alle Preise verstehen sich inklusive Steuern und Service. Wer mit dem Service zufrieden war, gibt im Restaurant, Hotel oder Taxi zusätzlich ein Trinkgeld von 5–10 % des Rechnungsbetrags.

Boulevard Berthier
Parc Monceau
Boulevard
22
1
27
8
17
41
2
39
6
12
Quai d'Orsay
Quai Branly
45
26
18
57
Parc du Champs de Mars
Avenue de la Motte Picquet
20
50
Rue de Vaugirard
Parc Georges Brassens
Boulevard Lefebvre
Périphérique